若谷 ——— 编著

女人 约会 全攻略

魅力女性修炼法则

成长必修课
精品课程
一起寻找幸福密码

之贴心闺蜜
智能数字人
聊聊姐妹私房话

情商进阶营
女性指南
塑造更优秀的自己

幸福
听故事
提升情感处理能力

东华大学出版社
·上海·

图书在版编目（CIP）数据

女人约会全攻略 / 若谷编著. -- 上海 : 东华大学
出版社, 2024. 11. -- ISBN 978-7-5669-2469-8

Ⅰ. C913.1-49

中国国家版本馆CIP数据核字第2024TT9109号

责任编辑：李　晔
装帧设计：张雨涵

女人约会全攻略

编著：若　谷
出版：东华大学出版社（上海市延安西路1882号，邮政编码：200051）
出版社网址：dhupress.dhu.edu.cn
天猫旗舰店：http://dhdx.tmall.com
营销中心：021-62193056　62373056　62379558
印刷：三河市龙大印装有限公司
开本：710mm×1000mm　1/16
印张：12
字数：215千字
版次：2024年11月第1版
印次：2024年11月第1次印刷
书号：ISBN 978-7-5669-2469-8
定价：39.80元

前言

在爱情的绚烂舞台上，约会无疑是每位女性生命中不可或缺的精彩篇章。它超越了简单的会面，化身为一场深度探索与发现的奇妙旅程，让两颗心在交流中慢慢靠近。

约会，绝非仅仅关乎外在的装扮与环境的营造。它是一场细腻的心理博弈，一次魅力的无声较量，更是一个深入了解彼此、探寻心灵共鸣的宝贵机会。若未能掌握其中的门道，即便准备得再周全，也可能在爱情的迷雾中迷失方向。

本书不仅是一部实用的约会宝典，更是一份引领你走向自我成长与提升的秘籍。从揭秘约会的奥秘、勾勒幸福的蓝图起，这本书将带你踏入约会的奇幻领域。你将学会如何精心策划每一次约会，让每一个细节都洋溢着迷人的氛围。同时，这本书还将传授你如何在约会中展现出优雅从容、进退有度的风采，让你内外兼修，散发出无法抗拒的魅力。

爱情从不是单方面的等待，而是需要主动去追寻与把握。在本书中，你将掌握恋爱的主动权，成为约会的主宰者。你将明白，女性同样能够凭借智慧与魅力，征服心仪的对象。而在等待那个对的人出现的日子里，本书也会教你如何享受生活的自在与精彩，让独处成为自我成长的宝贵时光。

本书不仅关注你的约会技巧，更关心你内心的成长与蜕变。我们深信，唯有真正了解自己、珍爱自己的人，才能吸引到那个与你心灵相契的伴侣。无论你是约会的新手，还是在感情中寻求突破的勇者，这本书都将成为你不可或缺的良师益友。

此刻，翻开这本书，让我们一同踏上这场充满乐趣与挑战的爱情冒险。在每一次约会中，你将学会如何展现自己的独特魅力、把握稍纵即逝的机会，最终找到那个与你心灵相通、携手共度余生的人。

目录

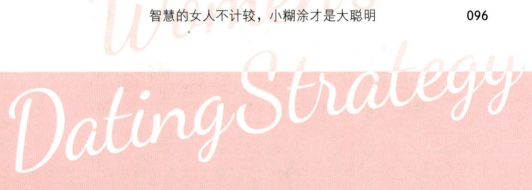

♥
第三章

优雅大气上档次，约会就得有礼有节

♥
第四章

魅力四射，内在与外在的双重蜕变

♥ 第七章

保持头脑清醒，做自信独立的女人

Women's Dating Strategy

第一章

解锁约会密码，塑造幸福蓝图

　　在每一次相视而笑、每一次深情对话中，我们寻觅着心灵的共鸣。以真诚为钥，以理解为径，共同塑造属于我们的幸福蓝图，让约会成为通往美好生活的甜蜜序章。

约会不是开会，
放松自己，拿出最好的状态

　　他们坐在街角的小咖啡馆里，窗外的雨滴轻轻敲打着玻璃，室内的灯光柔和而温暖，两人的笑声在空气中交织，仿佛整个世界都为他们暂停了脚步……

　　两个人在一起，不需要多余的言语，只靠微笑和眼神就能传递所有的情感。我们每个人或许都曾经历过这样美好的瞬间，一场约会让时间停止，一种感觉让我们铭记一生。

　　然而，越是珍惜这种感觉，越容易在初次见面时变得紧张和拘束。我们害怕自己表现得不够好，担心对方的看法，甚至过于刻意地想要给对方留下好印象，反而失去了自然的魅力。

　　其实，约会不应该是考核，更不是一场战斗，而是两个人互相了解和享受彼此存在的过程。如果你能放下这些无形的压力，简单地做自己，或许会发现，最美的瞬间常常来自不经意间的微笑与轻松的对话。

试着专注于当下，享受彼此的陪伴，这才是最动人的约会秘诀。你面对的是未来的伴侣，而不是你的老板；你该体验的是一场浪漫的约会，而不是一次严格的面试。

蒋丽丽是个典型的都市女孩，聪明、漂亮，工作也很出色。但一提到约会，她就紧张得不行。每次约会前，她都会反复挑选衣服，化妆也要花上好几个小时，生怕自己有一丝一毫的不完美。而到了约会时，她更是紧张得连话都说不清楚，常常让对方觉得尴尬。

有一次，蒋丽丽在朋友的介绍下认识了一个很不错的男孩，两人相约在一家咖啡馆见面。蒋丽丽提前一个小时就到了，坐在角落里反复练习着要说的开场白。当男孩准时出现时，蒋丽丽紧张得连手都在抖。男孩很绅士地和她打招呼，但蒋丽丽却只是机械地回应着，完全不知道该如何继续对话。

结果，这场约会就在尴尬和沉默中结束了。男孩后来再也没有联系过蒋丽丽，而蒋丽丽也因此更加确信自己是个"约会失败者"。

其实，蒋丽丽的问题并不在于她不够优秀或不够漂亮，而在于她太过紧张，把约会看得太重了。她忘记了约会其实只是一次简单的社交活动，是两个陌生人相互了解的过程。在这个过程中，最重要的是放松心态，享受和对方相处的时光，而不是刻意去追求什么结果。

约会，就像是翻开一本书的第一章，你不知道故事会如何展开，但每一页都充满了可能。它不是生活的终点，而是一段旅程的开始，又或许只是众多旅程中的一段小插曲。成功了，当然值得庆祝；即使不尽如人意，也不过是人生路上的一次小跌宕，毕竟，谁的人生不是由一连串的"约会小插曲"编织而成的呢？

别让结果成为你的负担，无论是好是坏，它们都只是你人生故事中的一部分。把每一次约会看作是一次探险，一次自我发现的旅程。想象一下，即使这次约会并不如你所愿，你也能从中汲取经验，比如如何更准确地表达自己的想法，或者更清楚地认识到自己真正欣赏的人的特质。

约会不是面试，不需要你带着简历和成绩单。你们是为了相互了解而来，不是为了给对方打分。放下那些"我必须完美"的包袱，接受约会中的小瑕疵和尴尬，因为正是这些不完美，让约会变得更加真实和有趣。

学会享受约会的过程，而不是只关注结果。约会的真正意义在于让你更加快乐，更了解自己，而不是让你感到痛苦和焦虑。

当你再次准备约会时，记得告诉自己："放轻松，这只是一次约会。"不要给自己太大的压力，也不要对结果抱有过高的期望。你只需要享受这个过程，和对方共度一段愉快的时光。无论结果如何，这次约会都会让你更加了解自己，也更懂得如何与人相处。

享受当下，不要急于规划未来。约会是为了享受现在，而不是为了预设未来的爱情路线图。太过急躁，可能会让对方感到不适。慢慢来，有时候反而能更快地到达目的地。

别急着把未来的每一刻都安排得满满当当的。约会嘛，就该好好享受现在，别老想着给爱情制订什么计划。你要是太急了，对方可能会觉得压力大。轻松点，慢慢享受这个过程，往往能更顺利地找到幸福的感觉。

放松，做你自己，享受这个过程，这本身就是最好的状态。就像品尝美食，不必过分在意吃相，重要的是享受食物带来的满足感和快乐的心情。

约会攻略

下次约会时，记得带上你的笑容，放下你的紧张，用最真实、最放松的状态，去迎接那份可能属于你的甜蜜与惊喜吧！毕竟，人生苦短，何妨放纵一点，让约会成为一场说走就走的浪漫之旅呢？

明确目的，
你想要一场怎样的约会

你希望约会是轻松自在的咖啡馆闲聊，还是正式的餐厅晚餐？

你期待在约会中深入了解对方的生活态度，还是共同探讨兴趣爱好？

你希望在约会中发现对方的独特魅力，还是探索彼此的共同价值观？

……

当看到这些问题时，你是否在想，不就是约会吗，为什么要考虑这些？但是，约会不只是两个人的简单相聚，它是一次灵魂深处的对话和火花的碰撞。

那么，在你心中你期待的约会占据什么位置？未来又该如何呢？这个问题听起来或许平常，但它背后的意义却深远。只有当你清楚自己约会的真正目的，才能真正沉浸在这段时光中，享受它带来的每一份愉悦。

艾玲和王大明通过朋友介绍，在一家十分热闹的餐厅相亲。

艾玲是个性格直爽的女孩，两人见面后，王大明就被艾玲的笑容所吸引，而艾玲也礼貌地回应着王大明的热情。

他们找了个靠窗的位置坐下，王大明点了几道招牌菜，两人开始聊了起来。艾玲谈笑风生，不时逗得王大明哈哈大笑。王大明心里暗自高兴，觉得艾玲对他有意思，两人的聊天也越发投机。

"你平时喜欢做什么？"王大明问。

"我啊，我喜欢看书，偶尔也会去健身房。"艾玲回答。

"那我们下次可以一起去健身房，或者去图书馆。"王大明提议。

艾玲微笑着没有直接回答，心里却在想："我只是出于礼貌，并没有对他有特别的感觉。"

餐后，王大明提议下次再见面，艾玲却犹豫了。她不想伤害王大明的感情，但又不想继续这场没有感觉的相亲。

"王大明，我觉得我们可能不太合适。"艾玲终于鼓起勇气说。

王大明愣住了，他没想到艾玲会拒绝他。"为什么？我们今天聊得很开心啊，我以为你也对我有好感。"王大明有些不解。

"我只是不想让你误会，我们还是做朋友比较好。"艾玲解释道。

王大明的情绪突然激动起来，"做朋友？那你今天为什么表现得那么热情？如果你没兴趣，一开始就应该说清楚！"

艾玲感到有些尴尬，她没想到王大明会这么生气。"我只是不想让气氛尴尬，我以为我们可以成为朋友。"

两人的对话越来越激烈，王大明感到被欺骗，而艾玲则感到委屈。

最终，王大明愤然离去，留下艾玲一个人坐在餐厅里，心情复杂。

约会不仅仅是两个人维系联系的桥梁，它更是一次自我探索和相互理解的旅程。在这段旅程中，你期望的约会类型，往往取决于你内心深处的目标，是寻求一段深刻的情感联结，还是仅仅为了享受一段轻松愉快的时光？明确这一点，你便能找对方向。

当你清楚地知道自己为何而来，你就能更加自信地展现自己，也能更加敏锐地感知对方是否与你同频共振。这样的约会，便不仅仅是一场简单的见面，而是一次关于"我是谁"和"我想要什么"的深刻反思。

在赴约之前，花些时间思考你希望通过这次约会达到什么目标。是为了寻找长期伴侣，还是仅仅为了结交新朋友？是为了享受一段浪漫的时光，还是为了探索共同的兴趣？明确了这些，你就能更好地引导约会的走向。

在约会过程中，不要害怕表达自己的想法和感受，通过提问和倾听，你可以了解对方是否与你有相似的目的。比如，你可以询问对方对于未来的看法，或者他们对于关系的期望。这样的对话有助于你们双方了解彼此是否在同一频道上。

同时，约会时一定要注意观察对方的反应和行为。人们的行为往往能透露出他们的真实意图。如果对方在约会中表现得非常热情，但当谈论到未来计划时却回避或含糊，这可能意味着他对这段关系的投入程度与你不同。在这种情况下，你需要决定是否愿意调整自己的期望，或者是否应该寻找与自己目标更匹配的人。

约会结束时不要害怕作出决定，如果你发现对方的目的与你不符，那么及时表达并采取行动是很重要的，这可能意味着结束这次约会，或者重新定义你们的关系。

虽然这可能会带来一些短期的不适，但长远来看，明确目的并采取相应的行动将有助于避免你浪费时间在不满足期望的关系上。

明确目的，还意味着在约会中能够坦然面对各种可能的结果。有了清晰的目标，即便约会的结局并不如人意，我们也能心平气和地接受。毕竟，每一场约会都是一次经验的积累，帮助我们更好地认识自己和他人。

约会攻略

> 明确自己想要的是什么，这不仅是对自己负责，更是对他人负责的表现。感情只有方向明确，才能走得更远，走得更稳。

及时止损，
不喜欢就别再约了

一段关系，一场约会，似乎总是缺少了那么一点火花，那份心动。你可能会问自己："我是不是应该再给一次机会？"但有时候，答案其实早已在你心中。

当你发现一段关系无法给你带来快乐，或者你发现自己的心并不在对方身上时，继续投入时间和精力，就像是在一场注定失败的赌局中不断下注。你可能会因为不愿意承认失败，或者害怕孤独，而选择继续。但这样的坚持，往往只会让你陷入更深的困境，此时，首选便是及时止损。

生活不是一场没有尽头的马拉松，我们没有必要在每一段关系中都跑到最后。有时候，勇敢地说"不"，及时地退出，反而是一种智慧。它意味着你尊重自己的感受，也尊重对方的时间。不喜欢就别再约了，这不是轻率，而是一种成熟的态度。

你的情感和时间同样宝贵，不要因为害怕改变，或者对未来的不确定，而选择留在一个不适合自己的环境中。勇敢地去追求那些让你心动的人和事，去体验那些让你感到快乐和满足的关系。

莉娅一直单身，不是因为没人追，而是因为她对另一半的期望有点高。她总是开玩笑地列出一堆条件，比如："得高，得帅，得会做饭，还得唱歌好听。"她的闺蜜们总是调侃她："你这标准，估计得单身一辈子了！"

但莉娅遇到安辉后，她发现自己之前的标准都变得不那么重要了。

安辉不是那种一眼就能吸引人的类型，他个子不高，皮肤有点黑，和莉娅心目中的理想型相差甚远。但他们在大学戏剧社的一次合作，让莉娅对他有了新的认识。

他们在排练《图兰朵》时，莉娅是主角，而安辉只是个小角色。尽管如此，安辉的幽默和真诚让莉娅感到了一种前所未有的舒适。

"你喜欢我什么？"安辉有一次好奇地问。

莉娅想了一会儿，然后笑着说："我也不知道，可能就是和你在一起的时候，我可以做自己，不用装。"

安辉的笑声总能轻易感染莉娅，他的幽默和自在让莉娅感到放松。她意识到，自己之前对爱情的看法太狭隘了。

"我喜欢你，不是因为你符合我的什么标准，而是因为你让我感到快乐，让我更喜欢自己。"莉娅坦诚地对安辉说。

安辉听了，眼睛里闪过一丝惊喜："我也是，和你在一起，我觉得自己也能变得更好。"

爱情不是一场精心编排的棋局，而是一段随心而动的旅程。它不遵循既定的规则，也不依赖于外在的条件。真正的爱情，是两个人在一起时那种无需刻意的和谐与自在。当你遇见某个人，让你愿意抛开所有预设的标准，那便是爱情最真挚的体现。

在感情的世界里，有时候我们得学会及时刹车，千万不要拖泥带水地凑合。如果你发现两个人在一起，感觉越来越累，而不是越来越开心，那可能就是该考虑放手了。不要期望他未来会被你"教会"，成年人的生活，只有他想与不想，而不在于你教或不教。

如果你觉得不开心，或者对方做的事情让你不舒服，那就直接说出来。沟通很重要，但如果你尝试过沟通，问题还是解决不了，那就得认真想想这段关系是否值得继续。

如果你觉得这段关系让你失去了自我，或者让你的生活变得更糟，那就勇敢地结束它。记住，分手不是失败，而是给自己一个重新开始的机会。

其实，感情的事，有时候就像买衣服，试了才知道合不合适。如果不合适，那就换一件。你值得拥有让你感到快乐和满足的感情。因此，如果感觉不对，就及时止损，给自己一个机会，去遇见那个能让你笑得更灿烂的人。

不要因为害怕孤独或是社会的期待，而选择继续一段并不快乐的关系。勇敢地面对内心的真实感受，如果不喜欢，就不要再勉强自己。爱情不仅仅是两个人的相互陪伴，更是在这段关系中，你能够发现自己的潜力，激发自己的成长，最终成为更优秀的自己。

因此，当你在爱情的旅途中感到迷茫，不妨停下来，问问自己的心。如果答案是肯定的，那么就勇敢地去爱；如果答案是否定的，那么就果断地放手。因为，爱情的真谛，在于它能够让你遇见更好的自己。

约会攻略

你的人生，应该由你自己来定义，而不是被一段不快乐的关系所束缚。不喜欢就别再约了，这是对自己最大的尊重，也是对生活最好的回答。

美好的感觉只是一小部分

当爱上了头，他便会在你心中带上主角光环，但烟花易逝，美丽而短暂，能瞬间点亮你们的世界，也可以将你拉入难以承受的黑暗。

约会时我们往往会被那些闪光的瞬间所吸引，它们就像是爱情故事中的精彩章节，让人心动不已。可能是对方眼中流露出的深情，一个默契的微笑，或是在沉默中感受到的那份宁静。这些瞬间确实令人沉醉，它们带来的短暂喜悦，有时会让我们误以为这就是爱情的真谛。

但事实上，这些瞬间只是爱情这幅画卷中的几笔亮色，爱情远不止这些。它不是几场约会就能维系的，而是需要双方在日常生活中的相互理解、包容和支持。

"激情如同烟花，绚烂却短暂；而真正的爱情，是那些平凡日子里的陪伴和坚持。"爱情的真谛，不在于那些高光时刻，而在于如何面对生活中的琐碎，如何在逆境中携手前行，如何在冲突后找到和解与成长的道路。

林悦一直是个听话的孩子，但在爱情面前，她决定任性一回。她爱上了晓辉，一个来自农村，没有稳定工作的男人。她的父母极力反对，担心她将来会吃苦。但林悦相信，只要两个人相爱，没有什么是克服不了的。最终，她还是和晓辉结婚了。

他们的婚礼很简单，婚房也是借钱买的。每个月的房贷就像一块石头压在他们心头。林悦开始学着精打细算，每一分钱都要算计着花。她的生活变得单调而艰难，但她告诉自己，为了爱情，这一切都是值得的。

几年后，晓辉的父母身体越来越差，需要他们照顾。林悦的生活变得更加拮据，她开始羡慕那些生活无忧的朋友们。有一天，她忍不住向晓辉抱怨了几句，没想到晓辉却生气地说："你不是说愿意跟我一起吃苦吗？现在怎么又抱怨起来了？如果你受不了，那就去找别人吧！"林悦气冲冲地回了娘家，哭着对父母说："我爱他，他也爱我。但婚姻里只有爱情是不够的，爱情填不饱肚子。我现在真的很后悔没有听你们的话……"

林悦的表姐雅婷，却是一个很实际的人。她和男友谈了八年的恋爱，但到了谈婚论嫁的时候，她却选择了分手。一年后，她嫁给了一个经济条件更好的男人。虽然有人不理解她的选择，但雅婷知道自己要的是什么。

雅婷知道，婚姻不仅仅是两个人的事，还关系到孩子和老人。她的前男友虽然爱她，但经济条件有限，他们经常为了钱的事吵架。分手后，雅婷遇到了现在的丈夫，他给了她一个稳定而舒适的家。她可以上钢琴课，练瑜伽，做自己喜欢的事情。

有一次，雅婷出了车祸，幸好家里的经济条件允许她得到及时的治疗。她看到隔壁床的病人因为没钱而耽误了治疗，心里很不是滋味。她开始更加珍惜自己的婚姻，也更加理解丈夫的辛苦。

爱情确实美好，但它只是生活多彩拼图中的一块。婚姻，它要求的不只是甜言蜜语的浪漫，更需要的是面对生活挑战时的那份勇气和坚韧。在爱情和现实之间找到那个微妙的平衡点，是让婚姻长久的关键。

在婚姻的旅途上，我们不能只依赖于约会时的甜蜜和激情。爱情是在日常生活中的相互扶持，是在平凡日子里的相互理解和包容。当我们还没有步入婚姻的殿堂时，约会就成了我们探索爱情真谛的实验室。在这里，我们学习如何沟通，如何妥协，如何共同成长。

想要超越约会时那些短暂的美好感觉，我们得先明白，约会不是一场自我展示的秀，而是一次深入了解对方的机会。你不必过分在意自己给对方留下了什么印象，更重要的是去观察和思考，这个人是否与你有共鸣的价值观，是否愿意与你并肩面对未来的风风雨雨。

在约会的过程中，不妨多留心对方的小动作和言语间的细微之处。比如，他们说话时的语气、对待服务人员的态度，或是在你分享个人想法时的反应。幸福，往往隐藏在这些看似不起眼的细节之中，它们才是你们是否真正合拍的线索。

此外，保持真实自我比刻意塑造完美形象更为关键，如果总是试图给对方留下最佳印象，可能会显得做作，反而失去了自然的魅力。相反，以轻松的心态展现真实的自己，这样对方才能看到你的本色，你们的关系也才能建立在真诚和信任之上，而不仅仅是表面的吸引。

想想看，约会就像是一场小小的探险，你们一起探索对方的世界，同时也在探索自己的内心。在这场探险中，你们可能会发现共同的爱好，也可能会发现彼此的不同。但正是这些发现，让你们的关系更加丰富和真实。

在约会中，不妨多问一些开放性的问题，比如对方的梦想、对未来的规划，或者他们如何处理压力和挑战。这些问题不仅能帮助你更深入地了解对方，也能让你们的对话更加有趣和深入。

总之，约会不仅仅是为了享受那一刻的美好，更是为了在未来的生活中，找到那个能够与你携手共度风雨的人。在这个过程中，我们要学会在爱情的美好和生活的现实之间找到平衡，这样，当我们决定走进婚姻时，才能更加坚定和从容。

约会攻略

美好的感觉虽然令人向往，但它们只是生活的一部分。真正重要的是，我们如何在柴米油盐的日常生活中找到平衡，如何在平凡的生活中实现自我价值，以及如何在现实的限制中创造属于自己的幸福。

理性付出，
爱情不是单方面的盛宴

"都是第一次做人，我为什么要委屈自己而让着你！"

爱情不是一场只有一个人付出的独角戏，它需要两个人的共同努力和配合。在爱情的世界里，理性的付出尤为重要，爱情不是一味地索取，更不是无休止地奉献，它需要双方的理解和支持，需要彼此的关心和爱护。

如果你发现自己总是在付出，而对方却总是在接受，那么这样的关系可能并不健康。爱情应该是双向的，是两个人一起成长，一起面对生活中的风风雨雨。

我们可能会因为太在乎对方而忽略了自己的感受和需求。但是，要记住，只有当自己感到快乐和满足时，才能更好地去爱别人。因此，不要害怕说"不"，不要害怕表达自己的感受，这是保持一段健康关系的重要一步。

而且，在爱情中，没有什么是不能说的，没有什么是不能商量的。当你感到不满或者受到伤害时，及时地和对方沟通，让对方知道你的想法和感受。同样，也要给对方机会表达他的想法。通过沟通，我们可以更好地理解对方，也可以避免很多误会和矛盾。

虽然爱情很重要，但它不应该是我们生活的全部。谁都有自己的朋友，自己的爱好，自己的空间。保持一定的独立性，不仅有助于我们个人的成长，也有助于保持一段健康的爱情关系。

玛格丽特·米切尔的生活与她的名著《飘》中的郝思嘉一样，她从小就有股不服输的劲儿，中学时因为母亲去世，她不得不放弃学业，回家帮忙打理家务。成年后，她一时冲动，嫁给了酒商厄普肖。

"我知道他有很多问题，但我就是爱他。"玛格丽特曾这样说，但爱情不是盲目地崇拜，也不是单方面的付出。厄普肖对她满不在乎，甚至粗鲁，最终他们的婚姻走到了尽头。

后来，她又遇到了记者约翰·马什。他们的结合，更像是一种伙伴关系。玛格丽特在门牌上写下了两人的名字，她说："这是我们的家，我们两个都是主人。"

在这段婚姻中，玛格丽特和马什互相尊重，互相支持。马什从不把玛格丽特当作附属品，而玛格丽特也不再只是一味地讨好。她保持了自己的独立性，甚至没有随夫姓，这在当时的社会环境下，无疑是一种大胆的举动。

"我支持你写作，因为你有才华。"马什总是这样鼓励玛格丽特。在他的支持下，玛格丽特开始了她的写作生涯。十年磨一剑，《飘》的出版让她一夜成名。

在爱情和婚姻中，每个人都应该保持自己的独立和尊严。平等，不仅仅是一种权利，更是一种相互尊重和支持的态度。没有谁应该成为谁的附属，我们都是独立的个体，都有自己的价值和尊严。理性付出，相互尊重，这才是爱情和婚姻应有的模样。

常言道："宁缺毋滥"，遇到爱情时，保持自我，保持清醒，远比盲目追求更为重要。我们不能因为深爱某个人就迷失了自己。无论他多么出色，多么吸引人，我们都不能让自己的生活完全围绕着他转。没有人值得你用全部的生命去取悦，因为如果你不爱自己，别人也不会真正地尊重你。

许多女性在陷入爱河时，往往会忘记自己的价值和需求，将爱人视为生活的中心，不断地付出，甚至不惜委屈自己来迎合对方。她们常常有这样的想法："只要我对他足够好，他就会感受到我的爱。"但这种单方面的付出，往往并不能换来真正的爱情。

有些女孩误以为，只要自己足够努力地对一个人好，对方就会回应自己的感情。然而，爱情不是一场交易，不是你付出多少，就能得到多少回报。真正的爱情，建立在相互的尊重和理解之上，而不是单方面的牺牲和索取。

没有哪个男人会真正欣赏一个只会迎合自己的女人。他们真正渴望的，是一个有自己独特魅力、能够激发他们敬意的伴侣。

因此，如果你想赢得某个人的心，那么最好的策略不是去追逐他，而是去吸引他。这意味着你需要专注于提升自己，让自己成为一个更加优秀、更加有趣的人。当你开始投资自己，无论是学习新技能、培养兴趣爱好，还是提升自己的外表和内在，你都会变得更加自信和迷人。

爱得太卑微，往往会让我们失去自我，变得不再是对方当初爱上的那个人。而当我们保持自尊，不卑不亢地去爱，我们不仅能够赢得对方的尊重，还能够赢得自己的尊重。这样的爱情，才是健康和持久的。

约会攻略

不要把自己的幸福寄托在别人身上，而要掌握在自己手中，去学习，去成长，去成为最好的自己。这样，你不仅能够赢得他人的爱和尊重，还能够赢得自己内心的满足和幸福。

从一场约会，
窥见你十年后的生活

《老友记》中罗斯和瑞秋第一次约会时，就产生了化学反应，他们如何处理彼此间的小摩擦，不仅为观众提供了娱乐，也揭示了他们未来关系的可能性。

生活中的约会也是如此，不只是简简单单的相会，或者某个甜蜜的时刻，它更像是一场微妙的预演，让我们得以一窥未来生活的轮廓。

在约会的轻松氛围中，一个人的真实性格、价值观和生活习惯往往会自然流露。一个男人在餐桌上的举止，他对服务员的态度，甚至是他对账单的反应，这些细节都像是未来生活片段的缩影。它们预示着，十年后，当你与他共同面对生活的起伏时，他可能会如何表现。

约会虽然只是一个社交活动，实际上是一面镜子，映照出潜在伴侣的真实面貌。它让我们有机会观察对方在压力下的反应，以及他们如何与他人互动。这些观察点，虽然微小，却能为我们提供关于未来共同生活的宝贵线索。

马克是一位技术员，他经朋友介绍认识了苏菲，今天是两人的第一次约会。

"这家餐馆的意面真不错，你尝尝。"马克热情地推荐。

"嗯，真的很好吃。"苏菲微笑着回应。

就在两人聊得正开心时，服务员不小心把饮料洒在了马克的衬衫上。

"哎呀，真不好意思，先生。"服务员连忙道歉。

马克突然变得严厉，他的声音提高了："这是怎么回事？我这可是新衬衫！"

苏菲被这突如其来的变化吓了一跳，但她很快调整了情绪，心想："马克这是在维护自己的权益，他挺有原则的。"

服务员连连道歉："我会立刻帮您处理，真的很抱歉。"

马克不依不饶："这可不行，我要见你们经理。"

苏菲在一旁看着，虽然心里有些不安，但她还是说："马克，你做得对，我们应该得到应有的补偿。"

随着时间的推移，苏菲逐渐发现，那次在餐馆的争执并不是偶然。婚后，马克总是以自我为中心，对苏菲的感受和需求漠不关心。

"马克，你能不能帮我一下，我搬不动这个箱子。"苏菲请求。

"我现在正忙着呢，你自己想办法吧。"马克头也不抬地回答。

每当遇到问题，马克总是首先考虑自己的利益，而不是寻求共同的解决方案。

苏菲开始回忆起那次约会，她意识到，那次争执并不是勇敢，而是自私。马克的自我中心和对权力的渴望在那次事件中已经显露无遗。

"马克，你还记得我们第一次约会时，你和服务员争执的事情吗？"苏菲有一天问道。

"当然记得，我那是在维护我们的权益。"马克回答。

"但我觉得，那并不是真正的勇敢。真正的勇敢是能够考虑到他人的感受和需求。"苏菲认真地说。

马克沉默了，他开始反思自己的行为。

一个人的本性往往在小事中展露无遗，可以在约会这样的社交场合中，通过他对待他人的方式，来预测他将来对待我们的态度。苏菲的经历提醒我们，勇敢和自私之间只有一线之隔，而真正的勇敢是能够考虑到他人的感受和需求。

如果一个男人在约会时总是迟到，或者总是忘记重要的细节，这可能意味着他在未来生活中也会是一个缺乏责任感和组织能力的人。他可能在工作和生活中表现出类似的散漫和不可靠，这不仅会影响他的职业发展，也可能影响到家庭生活的和谐。

相反，如果一个男人在约会时总是准时，甚至提前到达，这表明他是一个重视时间管理和承诺的人。这样的男人在未来的生活中，更可能在工作和家庭中扮演一个可靠和负责任的角色。

在约会中，一个男人如何对待服务人员，也能够反映出他的性格和教养。如果他对服务人员粗鲁无礼，这可能表明他缺乏同理心和尊重他人的能力。这样的性格特点在未来的人际关系中可能会导致冲突和不和。

而如果他对待每一个人都彬彬有礼，这显示了他具有良好的社交技巧和对他人的尊重。这样的男人在未来的生活中，更可能拥有良好的人际关系网，这对个人的职业发展和家庭幸福都是有益的。

此外，看一个男人在约会时如何处理分歧和冲突，也是观察他未来生活态度的一个重要窗口。如果他总是试图控制对话，不愿意倾听和理解对方的观点，这可能意味着他在未来的生活中也会是一个固执己见、不愿意妥协的人。这样的性格在未来的婚姻和家庭生活中可能会导致沟通障碍和矛盾。

但如果他能够在约会中展现出开放的态度，愿意倾听和尊重对方的意见，这表明他是一个愿意沟通和解决问题的人。这样的男人在未来的生活中更可能拥有和谐的人际关系和稳定的家庭生活。

总之，一个男人在约会时的行为和态度，就像是他未来生活状态的缩影。通过观察他在约会中的表现，我们可以预见到他在未来生活中的一些可能的行为模式。约会不仅仅是一场简单的见面，它是了解一个人未来生活状态的重要线索。

约会攻略

女孩，不要被"恋爱脑"占据，在约会时不妨多留心这些细节，这不仅能够帮助你更好地了解对方，也能够为自己的未来生活作出更明智的选择。

微信扫码

❶ AI贴心闺蜜

❷ 成长必修课

❸ 情商进阶营

❹ 幸福研讨室

第二章

拉响前奏，完美约会需要精心筹备

以巧思拉动心弦，用细节铺垫浪漫，让约会的每一刻都充满惊喜与温馨。如此，方能在爱的旋律中，共舞出难忘的篇章。

约会前，你需要考虑清楚
（自己的需求和底线）

　　约会真是一段特别的旅程，它拉开的可能是幸福的序幕，同时也承载着期待与不安、希望与疑虑。然而，很多人往往忽视了在这段旅程开始前，最重要的准备并不单单是选择衣着或精心打扮，更重要的是考虑清楚自己真正的需求和底线。

　　古希腊哲学家苏格拉底说："未经审视的生活不值得过。"约会前，我们需要先审视自己，明确自己到底想要什么，以及哪些是绝对不能妥协的。

　　《红楼梦》中，林黛玉与贾宝玉之间的感情纠葛令人动容，黛玉始终坚持着自己内心的纯真与坚韧，不愿为世俗的眼光妥协。她清楚地知道自己的需求，也明白自己的底线是什么。而如今的我们，在进入一段关系前，是否也该像黛玉那样，明晰自己的内心，而不是盲目地追随别人的步伐。

林晓是金融分析师，她的工作需要精确的计算和冷静的判断，这种职业习惯也影响了她的生活，哪怕恋爱中的她也是保持着清晰的头脑。

林晓的朋友们经常劝她："晓晓，你太理智了，有时候也需要放松一下，享受一下恋爱的甜蜜。"

林晓总是笑着回答："我知道你们是为我好，但我觉得，如果约会没有目的，那是对自己的不负责。"

有一次，林晓的朋友给她介绍了一个名叫李浩的男士。李浩是一名律师，同样以严谨著称。他们的第一次约会是在一家安静的咖啡馆。

在约会的前一天，林晓开始了她的准备工作。她首先列出了一个清单，包括对李浩的了解、她想要了解的问题，以及她希望在约会中达成的目标。她认为，了解对方的兴趣和价值观是建立关系的基础。

林晓在清单上写道："我需要了解李浩的兴趣爱好，这样我们才能找到共同话题。"

她接着研究了李浩的社交媒体，了解了他最近参与的活动和兴趣点。她还准备了一些问题，比如他对未来的规划、他的工作态度，以及他如何处理压力。

林晓在清单上又加了一项："了解他的生活态度和应对压力的方式，可以帮助我判断我们是否合适。"

但她的清单上还有一项特别的内容，那就是她的底线。林晓知道，无论对方多么优秀，如果触碰了她的底线，那么这段关系就不可能继续。

林晓在清单的最后坚定地写道："我的底线是尊重和诚实。如果李浩不能做到这两点，那么无论其他方面多么合适，我都不会考虑进一步发展。"

她还特意挑选了一套得体的衣服，既不过于正式，也不过于随意，以展现她的专业和对约会的重视。林晓相信，第一印象非常重要，而穿着得体是给对方留下好印象的关键。

林晓对着镜子说："合适的着装可以展现我的品位，也是对这次约会的尊重。"

在约会当天，林晓提前到达了咖啡馆，选择了一个安静的位置。她提前查看了菜单，对可能点的饮品和食物有了大致的了解，这样在点餐时就不会显得犹豫不决。

林晓心里想："提前了解菜单可以避免在点餐时浪费时间，也可以显示出我对这次约会的重视。"

当李浩准时到达时，林晓已经准备好了。他们的对话充满了对彼此职业的尊重和理解，林晓感到非常舒适。她知道，李浩是一个能够理解她的人。

"不打无准备之战"，约会前的准备不仅仅是为了给对方留下好印象，更是为了确保自己能够更好地了解对方，从而作出明智的选择。

理智是一种力量，它能帮助我们找到真正适合自己的人，共同构建美好的未来。更重要的是，进入爱情的迷局后，人是极容易迷失的，明确自己的底线，是对自己负责的表现。那么，我们在约会前要如何准备呢？

首先，了解自己的需求至关重要。你希望在一段关系中得到什么？是情感上的支持，还是思想上的共鸣？或者是生活方式的契合？这些问题看似简单，却往往被人们忽略。很多时候，我们被外在的吸引力所蒙蔽，忽视了内心真正的需求。

有人可能会因为对方的外表或物质条件而选择开始一段关系，但随着时间的推移，这些表面上的吸引力会逐渐褪色，而内在需求的缺失却会愈发明显，最终导致关系的破裂。

同时，明确自己的底线同样重要。底线是我们在关系中所能接受的最低标准，是我们绝不容忍的行为或态度。比如，尊重和信任是任何一段健康关系的基础，如果对方在这些方面触碰了你的底线，那么无论其他条件多么优越，这段关系都不值得继续下去。

约会并不是一场竞赛，成功的标准也不仅仅是两人走到一起，而是在这段旅程中，你是否能够忠于自己，找到真正适合你的那个人，只有当你清楚了自己想要什么，才能真正找到那个与你共度一生的人。

约会攻略

在每一次约会之前，花点时间思考清楚自己的需求和底线，你会发现，这不仅让你更有信心面对未知的未来，也让你在关系中更加坚定与从容。

适配的装扮很重要

　　在中国古代文化中，有一句流传甚广的谚语："人靠衣装，佛靠金装。"这句话不仅反映了人们对外在形象的重视，更深刻揭示了装扮在社交和自我表达中的重要性。

　　装扮不仅仅是外表的修饰，更是一个人内在素养和品位的外在体现，约会前准备好最适合的装扮，不仅能够增加一个人的自信心，还能在他人心中留下深刻而积极的印象。

　　比如，当你走进一个重要的商务会议时，如果你穿着得体，符合场合要求，这不仅是对他人的尊重，也是在为自己赢得信任和尊重。

　　相反，如果你穿得过于随意或不合时宜，即便你再有才华，别人在第一眼可能就已经对你产生了不好的印象。这样的例子在生活中比比皆是，装扮是否适配，往往在无形中决定了你在他人心中的位置。

　　在电视剧《盛装》中，女主角李娜在参加一个重要的时尚活动时，由于不了解活动的性质，穿着休闲牛仔装就去了。她到了现场才发现，周围的人都穿着正式的晚礼服，这让她感到非常尴尬。

虽然故事是为了写李娜作为时尚新人的不适应，但她的这种经历对我们而言是一个提醒，在参加任何活动之前，了解活动的着装要求是非常重要的，以免造成不必要的尴尬。

我们每个人都生活在一个充满社交互动的世界里，无论是在工作场合、社交聚会还是日常生活中，装扮都起着很重要的作用。装扮可以传递出一个人的状态和态度，甚至在无声中影响着他人对你的看法。

林晓，一个在金融界打拼的女强人，她的日程总是排得满满当当。她的好友小雅总是担心她的感情生活，于是偷偷给她安排了一次相亲。

"林晓，你得见见这个陈逸飞，他可是个大学讲师，文质彬彬的。"小雅在电话里兴奋地说。

"好啦，我知道了，'月光'餐厅，我会去的。"林晓一边回复着邮件，一边应付着电话那头的小雅。

相亲那天，林晓忙完最后一个会议，看了看时间，已经来不及回家换衣服了。她直接穿着她的休闲牛仔装，匆匆忙忙地赶到了餐厅。

"月光"餐厅里，柔和的灯光下，男士们西装革履，女士们长裙飘飘。林晓一进门，就感觉到了周围的目光。

陈逸飞已经在那里等着了，他穿着一身得体的西装，看起来风度翩翩。见到林晓，他站起身，微笑着说："你好，林晓，我是陈逸飞。"

林晓尴尬地笑了笑，说："嗨，陈逸飞，不好意思，我从公司直接过来的，没来得及换衣服。"

陈逸飞打量了一下林晓，眼神中闪过一丝意外："哦，这样啊，你看起来很……休闲。"

林晓坐了下来，她能感觉到陈逸飞的失望，但她决定用幽默来缓解气氛："是啊，我今天的风格是'忙碌金融女'遇上'优雅餐厅'。"

陈逸飞笑了笑，但气氛似乎有些尴尬。服务员递上菜单，林晓随便点了一些，她的心思不在食物上。

"你平时工作很忙吗？"陈逸飞试图找话题。

"是啊，金融行业就是这样，不过我也喜欢这种挑战。"林晓回答。

两人聊了一些工作上的事情，但林晓感觉到，这次相亲可能因为她的着装而搞砸了。

晚餐结束后，陈逸飞送林晓到门口，礼貌地说："今晚很高兴认识你，林晓。"

"我也是，谢谢你的晚餐。"林晓回答，她知道这可能是他们的最后一次见面。

回到家，林晓脱下牛仔装，换上舒适的睡衣。她坐在沙发上，回想起今晚的约会。她意识到，无论是工作还是约会，第一印象都很重要。她决定，下次再有约会，一定要提前做好准备，至少在穿着上要和场合相匹配。

作家巴尔扎克说："衣着是一封没有文字的信。"一套适合的装扮可以帮助我们更好地与外界沟通，展示出自己想要传达的形象和信息。研究表明，当人们穿上符合自己身份和场合的服装时，他们会感到更加自信和从容。那么，我们该如何选择最适配的装扮呢？

首先，了解场合和环境的需求。例如，职场需要的装扮与社交场合或日常生活有很大的不同。在职场中，得体的职业装扮可以让你显得专业和可靠；而在朋友聚会中，休闲装可能更能展现你的亲和力和随和性。

其次，了解自己的体型和气质，选择能展现自己优点的装扮风格。每个人都有自己的独特之处，找到能突出这些优点的装扮风格，才能让你在各种场合中自信满满。

最后，适度更新自己的衣橱。时尚虽然是瞬息万变的，但适应时代潮流的装扮能让你看起来更加现代和有活力。适时淘汰不再适合的衣物，更新适应不同场合需求的服饰，可以让你的装扮始终保持得体和适配。

约会攻略

适配的装扮不仅仅是外在的修饰，更是内在自信和外在礼仪的结合。它在潜移默化中影响着我们的生活和人际关系，是每个人都应重视的课题。选择适配的装扮，是对自己和他人的尊重，也是提升生活品质的一种方式。

自我审视，
找到你的"魅力点"

　　《欢乐颂》中各具特色的女主令人印象深刻，安迪的聪明才智、樊胜美的独立坚强、曲筱绡的古灵精怪、邱莹莹的率真可爱以及关睢尔的温柔体贴，她们各自的特点在剧中被放大，成为她们独特的"魅力点"。

　　其实，每个人都有潜在的闪光点，它可能隐藏在性格的深处，或是在技能的细微之处。重要的是，我们需要有意识地去发现、去培养、去展现这些特质。正如安迪在剧中所言："每个人都有自己的闪光点，关键在于发现它，并让它绽放光彩。"这不仅是对角色的深刻洞察，也是对我们每个人的启示。

　　生活中，我们每个人都在追寻自己的价值，而真正的魅力往往隐藏在我们最真实的自我之中。找到属于自己的"魅力点"不仅是展示自我独特性的关键，更是实现个人成长与成功的基础。

　　薇薇和大多数人一样，过着朝九晚五的生活。她在一家广告公司里埋头苦干，每天的工作就是写文案，改文案，再写文案。她的生活就像是一杯白开水，平淡无味。薇薇常常看着镜子里的自己，觉得自己没什么特别，和那些在派对上光彩照人的朋友们比起来，她就像是个隐形人。

有一天，她的好友小玲对她说："薇薇，你真的应该好好看看自己，你肯定有自己没发现的闪光点。"

薇薇听了，心里一动，她开始回想起自己的过去。她记得大学时自己是文学社的活跃分子，那时候她写的每篇文章都能得到老师和同学们的称赞。她喜欢写作，喜欢用文字去触摸世界，去感受生活。

"也许，我真的应该再试试。"薇薇对自己说。

于是，她开始在下班后写博客，记录自己对生活的点点滴滴。她的博客文章很真实，有时候是对生活琐事的吐槽，有时候是对一部电影的深刻感悟，有时候则是对一本书的热烈推荐。

"你知道吗，我今天写了一篇关于'如何在忙碌中找到自我'的文章，感觉挺有意思的。"薇薇在电话里对小玲说。

小玲鼓励她："你就应该这样，把你的想法分享出去，你的文字很有感染力。"

起初，薇薇的博客读者寥寥无几，但她没有放弃。她相信，只要坚持，总会有人看到自己的。慢慢地，她的博客开始有人关注，有人留言，有人分享。她的上司偶然间看到了她的博客，对她的创意和文笔赞不绝口。

"薇薇，你的博客很有特色，我想让你来负责我们新广告的文案，怎么样?"上司在办公室里对她说。

薇薇眼前一亮,她知道这是一个展示自己的机会。她投入了极大的热情和创意,最终,那个广告在电视上一炮而红。

随着时间的推移,薇薇的博客越来越受欢迎,她也开始在公司里小有名气。她发现,自己的魅力并不在于外表,而在于对生活的热爱和对文字的执着。

自我审视不是自我怀疑,而是要找到并珍惜自己的独特之处。每个人都有自己的"魅力点",只要我们愿意去探索,去尝试,这些特质就能成为我们最亮丽的闪光点。在自我发现的旅程中,我们不仅能够找到自己的价值,也能让生活变得更加精彩和有意义。

魅力是一种内在的吸引力,它并不依赖于外在的条件,而是源于一个人内心的自信与真实。当我们能够坦然接受自己的优点与缺点,理解自己的独特之处时,我们便能散发出一种自然的魅力。

要找到并展现自己的魅力,首先需要进行自我审视。自我审视是一个深入内心的过程,它要求我们直面真实的自己,剖析自己的内在。我们需要问自己:我真正擅长的是什么?我在与人交往中,什么特质最能打动他人?提出这些问题并不是为了寻找自满的理由,而是为了更清晰地认识自我,从而发现那些独特的、能够吸引他人的特质。

当然,找到"魅力点"并不是一蹴而就的,它需要我们在生活中不断地反思和调整。在这个过程中,我们需要保持对自我的敏锐感知,随时注意自己的行为和表现。

当你发现了自己的"魅力点"后,如何进一步培养和展现它呢?首先，你需要对这些特质有深刻的理解，并且要学会在日常生活中自然地展现它们。比如，如果你很幽默，那么在与他人交谈时，你可以用适度的幽默来打破僵局，增进交流的愉快感。

与此同时，培养这些特质也意味着要不断提升自己。魅力不是一成不变的，它需要通过自我提升来保持和增强。

在自我审视的过程中，也要避免自我设限，有时我们会因为某些外界的评价或内心的不安而忽视自己的真正优势。因此，保持开放的心态，勇敢地面对自己的不足，并且相信每个人都有独特的魅力点，这样才能更好地挖掘并展现自己的魅力。

约会攻略

找到并展现你的魅力点，需要自我审视、理解、培养和验证，这是一个不断循环的过程。只有通过持续的反思与实践，我们才能在这个过程中不断地接近那个最真实、最有魅力的自己。

做好表情管理，
打造惊艳瞬间

你听过"挂脸"这个词吗？

这是一个北方方言词，意思是所有的情绪转化都会迅速表现在脸上。经常"挂脸"的人都有一个典型的特征，就是情绪变化迅速，而且自控能力差，这些人最需要做好的就是表情管理。

表情是直通内心世界的镜子，更是传达情感、影响他人感受的有力工具。在我们的生活中，表情管理似乎是一件微不足道的小事，但正是这些看似无关紧要的细节，往往决定了我们在人际交往中的第一印象。

一个微笑可以化解尴尬，一个坚定的眼神可以传递信心，而一个温和的表情则可以拉近人与人之间的距离。在这些瞬间，表情成为我们形象的一部分，甚至是最直观、最有力的部分。

然而，表情管理并不意味着压抑真实的情感，或是假装成某种并非自己本色的模样。相反，它是在不同场合下选择最合适的情感表达方式，是一种自我控制和自我调节的艺术。我们并不是要成为面具下的人，而是要在保持真实的同时，学会展现最好的自己。

周末的午后，在朋友的鼓励下，陶明终于鼓起勇气约同事小莉喝咖啡。

两人选了一家安静的咖啡馆，坐在靠窗的位置，阳光透过窗户洒在桌面上，为这次约会增添了几分温馨。刚开始，气氛很轻松，他们聊了聊工作上的趣事，也谈了各自的兴趣爱好。陶明还时不时地讲一些小笑话，逗得小莉笑得合不拢嘴。

"你知道吗？上次见客户，我差点把PPT的顺序弄反了，幸亏灵机一动，硬是把客户给糊弄过去了。"陶明笑着说，带着一丝自嘲。

"哈哈，你这应变能力真是满分，要是我早就慌了。"小莉也跟着笑了起来。

然而，随着话题的深入，陶明开始谈起了他对未来的规划，包括自己的事业目标和对婚姻的看法。或许是因为有些紧张，他的语气变得严肃，甚至有点像是在陈述观点。

"我觉得吧，婚姻还是得慎重点，得有稳定的经济基础，双方也要有共同的目标和想法，这样才能长久。"陶明一本正经地说。

小莉听着，脸上的笑意渐渐消失。她对婚姻并没有太多思考，而陶明此刻的严肃让她感到有些压力。她下意识地皱了皱眉，目光也开始变得有些游离。

陶明注意到了小莉的变化，停顿了一下，试图转换话题，但似乎有些迟了。他也开始感到不自在，话语变得有些犹豫。"呃，我是不是说得有点多了？其实也没啥，就是随便聊聊，你别介意哈。"

"嗯，没事。"小莉勉强挤出一丝微笑，但她的语气却显得有些冷淡。

约会结束后，小莉回到家中，回想起刚才的情景，心里隐隐感到有些后悔。她明白陶明只是想认真表达自己的想法，而自己却因为对话题的兴趣降低，没有保持应有的礼貌和积极态度。她的表情在不知不觉中传达出了冷淡和不满，或许让陶明感到被拒绝。

第二天在公司，陶明的态度果然有些变化。虽然依旧友好，但不再像之前那样主动。午休时，他只是点头打了个招呼，然后就去和其他同事一起吃饭了。

小莉意识到，自己的表情管理问题可能影响了他们之间的关系。她叹了口气，对自己说："唉，真是不应该让表情出卖了我的心情。"

两人面对面时，表情管理是很重要的，即使你对某些话题不感兴趣，或是暂时有些疲惫，也要尽量保持友善和积极的表情。因为表情是无声的语言，它会在不经意间透露出你内心的真实感受，而这种感受可能直接影响对方的心情，甚至决定这段关系的走向。

要做好表情管理，首先需要自我觉察。在日常生活中，我们需要时常反思自己在各种情境下的表情反应，了解自己在情绪波动时如何表现，在哪些时候容易失控。通过自我观察，我们可以更好地理解自己的情绪触发点，从而在关键时刻更好地管理表情。

还要经常练习在不同情境下的表情控制。例如，在面对压力或挑战时，我们可以通过深呼吸、放松面部肌肉等方法，帮助自己保持平和的表情。这不仅有助于减轻内心的紧张感，也能让我们在外界看来更加自信从容。

与此同时，与他人相处时，学会在交流中保持适度的微笑和眼神交流，这不仅会让我们显得更具亲和力，也能让对方感受到尊重和关注。

最后，我们可以通过观察他人的表情管理来提高自己的技巧。影视剧中的角色，特别是那些魅力十足的人物，他们的表情管理往往是经过精心设计的。通过学习这些角色在不同场景中的表情处理方式，我们可以积累经验，应用于自己的生活中。

做好表情管理，并非一朝一夕之功，而是在日常生活中不断练习、反思和调整的过程。当我们掌握了这门艺术，就能在重要的时刻，展现出最迷人的自己，打造出属于自己的"惊艳瞬间"。

约会攻略

你精心打扮，言谈举止都恰到好处，但当对方说了一句你不太认同的话时，你的表情却瞬间露出一丝不悦，眉头轻皱，眼神也显得有些冷淡。尽管你自己可能没有意识到，但对方很容易通过你的表情捕捉到你的情绪变化。

准备几个话题，
避免冷场和尴尬

在人与人的交往中，冷场和尴尬是常见的场景。古人云："言为心声。"言谈举止不仅反映了一个人的性格，更是人与人之间建立联系的桥梁。提前准备话题化解冷场，不仅是社交技巧，更能展现智慧与关怀。

准备话题并不是为了展示自己的博学，而是为了创造轻松愉快的氛围。这就像下棋，你有时候需要主动出击，有时候需要等待回应。无论如何，提前准备话题可以让你在面对不同的人和场合时更游刃有余。

石杰的生活简单而单调，除了编程就是偶尔和同事打打游戏。他的朋友圈子里，几乎清一色的 IT 男。而琳红，她的生活五彩斑斓，她的朋友来自各行各业，从艺术家到音乐人，应有尽有。

在一次聚会上，石杰和琳红被安排坐在一起。两人交换了微信，但之后就没再联系。直到有一天，石杰收到了琳红的消息："明天有个艺术展，一起来吗？"石杰心想，艺术展？但他还是回复了："好啊，听起来不错。"

第二天，石杰穿着他那件标志性的T恤，牛仔裤上还挂着钥匙，出现在了展览馆门口。琳红则穿着一条优雅的长裙，像是从画中走出的仙女。石杰心里有点紧张："这下完了，我得装成文艺青年了。"

琳红热情地介绍着每一幅画，石杰虽然不太感兴趣，但他努力地听着，偶尔还会问一些问题。琳红注意到了石杰的迷茫，但她以为石杰是在深思，于是更加热情地介绍。

突然，石杰忍不住了，他打断了琳红："等等，琳红，这画的不是一只猫吗？"琳红愣了一下，然后笑了："石杰，你真是太可爱了！"两人都笑了，气氛轻松了许多。

在咖啡馆里，石杰主动开启了话题："琳红，你平时除了画画，还喜欢做什么？"琳红眼睛一亮："我喜欢旅行，最近还在学摄影。"石杰灵机一动："摄影？我可以帮你修图，或者做个网站展示你的作品。"

琳红兴奋地说："真的吗？那太好了！"石杰也兴奋起来："那我们下次可以一起去拍照，我负责技术，你负责艺术。"

两人聊得越发投机，从摄影聊到旅行，从游戏聊到电影。石杰发现和琳红聊天很有趣，他的幽默感和对生活的热情也让琳红耳目一新。

约会结束时，石杰送琳红回家，路上他说："琳红，下次我们去科技馆怎么样？我保证那里的展览比艺术展更有趣。"琳红笑着答应了："好啊，我也想知道，那些复杂的科技背后，隐藏着怎样的秘密。"

石杰和琳红的初次约会虽然有些尴尬，但他们通过准备话题和开放的心态，找到了共同语言，也让这次约会成为他们友谊的起点。石杰学到了，准备一些对方感兴趣的话题，是避免冷场和尴尬的关键。而琳红也明白了，有时候，一点幽默和自嘲，能让对话更加轻松愉快。

在社交场合中，冷场和尴尬往往最让人感到不安。两个人面对面坐着，空气中弥漫着紧张感，彼此不知道该说些什么，目光游离，手足无措。这样的场景，无论对于谁来说，都是一次不太愉快的经历。

避免尴尬的最好方法是提前准备适合的话题，最好选择既能引起对方兴趣，又不会过于敏感或私人化的内容。比如，可以谈论近期的热门电影、书籍或是有趣的新闻话题，既能够让对方轻松进入状态，还能通过这些话题了解彼此的兴趣和观点，为之后的交往做准备。

如果你对对方的兴趣爱好有所了解，那么针对这些兴趣展开的对话将会更加顺畅且充满互动。比如，如果你知道对方喜欢旅行，可以问问他最近有没有去过哪些有趣的地方，或是他最想去的地方是哪儿。

当然，准备话题并不意味着照本宣科，让谈话变得僵硬和机械，而是为了在需要时能够迅速找到突破口，从而避免冷场。灵活地根据现场氛围和对方的反应调整话题，才是社交的精髓所在。

约会攻略

在社交中，准备话题就像为自己构建防线，可以在需要时化解尴尬，避免冷场。社交的成功往往在于细节，而这些精心准备的话题就是打开对方心扉的细微之钥。

重视你的色彩选择

影视剧中，造型师很聪明，妆造时选择的服装色彩便可以直接将人物性格展现出来。在《延禧攻略》中，服装色彩的设计就很讲究，妃嫔们的服饰色彩偏冷淡风，如棕、青、蓝色调，这样的色彩选择不仅符合历史背景，也体现了角色的性格和地位。比如，高贵妃的服饰色彩偏浓重，绿色和红色的出现率较高，这与她嚣张跋扈的性格相吻合。

造型师们通过色彩的心理学效应来增强角色的性格表现，让观众更深入地理解和感受角色的内心世界。在生活中，选择色彩也是同样的效果，不仅仅是为了美观，最重要的是反映出个人的风格、情感和心理状态。

色彩能够影响我们的情绪和心理状态。比如，蓝色通常给人一种冷静、宁静的感觉，适合在需要集中注意力的场合使用；而黄色则带来温暖和快乐，能够提升人们的积极性。当我们在生活中选择色彩时，实际上是在传递一种无声的语言，向他人表明我们的态度和心境。

然而，色彩选择不仅仅是为了外在表现，它也能够反映出一个人的内心世界。如果一个人常常选择黑色或深色调，这可能暗示他性格中的某些内向或防御性的一面；而那些偏爱明亮色彩的人，往往表现出更为开朗和外向的性格。通过选择合适的色彩，我们不仅能够更好地表达自我，还能调整自己的情绪，提升生活质量。

小琪和小辉是在朋友聚会上认识的，两人聊得挺投机，很快就约了第一次正式会面。小琪是个细心的人，她知道第一印象很重要，所以在约会前，她特别在衣服颜色上下了一番功夫。

约会那天，小琪挑了一条蓝色的连衣裙，配上白色高跟鞋，简单又大方。她觉得蓝色能显得她既冷静又温柔，而且这颜色还挺衬她肤色的。她希望这样的打扮能给小辉留下个好印象。

小辉见到小琪时，眼睛一亮，忍不住夸了一句："小琪，你今天真好看，这蓝色穿在你身上特别有气质。"小琪听了心里美滋滋的，她笑着说："谢谢，我特意选的，觉得这个颜色挺适合今天的氛围。"

两人在咖啡厅找了个靠窗的位置坐下，阳光透过玻璃洒在小琪的蓝裙子上，显得格外和谐。小辉看着小琪，感觉她今天特别有魅力，他说："我发现你穿蓝色真的很好看，让人感觉很舒服。"

小琪笑着回应："是吗？我其实平时也挺喜欢蓝色的，感觉它既不会太张扬，也不会太沉闷。"她接着说，"我觉得颜色能影响人的心情，就像今天，我穿蓝色，希望我们的约会能有个轻松愉快的开始。"

小辉点头表示赞同："你说得对，颜色确实能传递信息。我今天看你穿蓝色，就觉得你很平易近人，我也轻松了不少。"

随着约会的进行，两人的话题越来越多，气氛也越来越融洽。小琪发现，小辉对她的关注度很高，而且他的话题总是围绕着她的兴趣展开，让她感到很舒服。

之后的几次约会，小琪都会根据场合和心情选择合适颜色的服饰。她发现，柔和的颜色让约会氛围更加轻松，而鲜艳的颜色则能增加活力。小辉也注意到了这一点，每次约会他都能从小琪的穿着中感受到她的用心。

约会时的色彩选择，不仅关乎外表，更是情感表达的一种方式。每一种颜色都有它独特的语言，懂得运用色彩，可以让约会更加成功，也能让关系更加深厚。

在日常生活中，我们不妨多关注色彩的运用。无论是穿着打扮、家居装饰，还是工作场所的色彩选择，都能影响我们的心理状态和与他人的互动。想象一下，当你走进一间充满生机的橙色房间时，那种温暖和活力是否让你心情愉快？反之，长时间处于灰暗、单调的环境中，可能会让你感到压抑和疲惫。

要如何在实际生活中运用这一点呢？首先，试着从小处着手，比如每天早上选择穿什么颜色的衣服。你可以问问自己，今天我希望以什么样的状态面对这一天？选择一件明亮的黄色外套，可能会让你在阴沉的天气里感觉更有活力；而在需要冷静思考的重要会议上，穿着蓝色或灰色的衣服则能帮助你集中注意力。

接着，考虑家居环境的色彩布局。你可以选择让卧室充满柔和的色调，营造出一个放松的氛围；而在客厅里运用一些明亮的色彩，可以提升整个家庭的活力和温馨感。如果你经常在家办公，不妨在工作区域添加一些绿色植物或蓝色装饰品，帮助你在繁忙的工作中保持冷静和专注。

最后，色彩的选择还应考虑到场合和对象。在正式的社交场合，深色系的服装通常传递出稳重和专业的形象；而在轻松的聚会中，鲜艳的色彩可以让你显得更加亲切和容易接近。了解这些色彩的语言，能够帮助你在不同场合中自如应对，展现出最合适的自己。

色彩，是我们生活中不可忽视的元素，重视你的色彩选择，不仅是在打造外在形象，更是在塑造内心世界。

约会攻略

通过色彩，我们能够更好地表达自我，调整心态，甚至影响周围的环境。下一次，当你面临色彩选择时，试着多一些思考，这些色彩不仅仅是在你的眼前闪现，它们也在无形中影响着你的生活。

避雷指南：
这些"雷区"最好别碰

"前车之鉴，后事之师。"在生活中，我们往往会遇到许多诱惑和挑战，看似吸引人，但隐藏着巨大的风险和陷阱。若不小心触碰这些"雷区"，可能会带来无法挽回的后果。因此，明智的人会谨慎地选择前行的道路，避免那些看似美好但实则危险的选择。

所谓的"雷区"往往是那些表面上看起来无害甚至具有吸引力的事物，但它们的本质却潜藏着对个人成长、关系或生活的破坏力。比如，在《红楼梦》中，贾宝玉和林黛玉之间的感情便是一个复杂的"雷区"。

虽然他们彼此深爱，但由于家庭背景、社会压力以及个人性格等因素，这段感情注定充满了波折和痛苦。贾宝玉最终陷入了感情的泥沼，难以自拔，成为无数读者心中的遗憾。我们在生活中，也时常面临类似的选择——那些看似无害的小事，往往会带来意想不到的负面影响。

　　小丽和阿俊是在一次工作联谊会上认识的，两人一拍即合，很快就开始了第一次正式的约会。阿俊是个自来熟，总是能在不经意间逗笑身边的人。小丽也是个乐天派，两人似乎很合得来。

　　约会那天，阿俊带小丽去了一家挺有名气的餐厅。餐桌上，阿俊讲了不少趣事，逗得小丽哈哈大笑。她觉得阿俊挺有趣的，但随着晚餐的进行，小丽开始觉得有些不对劲。

　　当聊到工作时，阿俊开玩笑说："你们这行，听起来挺'高大上'的，但其实不就是天天坐办公室，没什么技术含量嘛。"小丽一开始只是尴尬地笑了笑，但心里有点不是滋味。

　　晚餐继续，阿俊的玩笑越来越过分。他看了看小丽的衣服，说："你今天穿得挺有个性的，不过这颜色是不是太花了点？"小丽听了，心里有点不舒服，她可是精心挑选了这套衣服。

　　吃完饭，阿俊送小丽回家。车上，他又来了一句："其实你们女生啊，有时候太独立也不好，男人还是喜欢有点依赖感的女生。"小丽听了，心里的不快达到了顶点。她觉得阿俊的玩笑其实有点伤人。

　　回到家，小丽越想越不对劲。她意识到，阿俊的幽默背后，其实是对她的不尊重。她决定，得和阿俊好好谈谈。

　　第二天，小丽约了阿俊出来，直截了当地说："阿俊，我觉得你昨天有些话让我不太舒服。我知道你可能只是想开玩笑，但我觉得有些话题不适合拿来开玩笑。"阿俊听了，有点意外，他没想到自己的玩笑会让小丽这么在意。

　　阿俊说："小丽，我真的没那个意思，我只是觉得那样说话比较轻松。

我没意识到会让你不舒服。"小丽看着他，认真地说："我知道你不是故意的，但有些话真的很伤人。我们都需要学会尊重对方，不管是在约会还是平时。"

阿俊点点头，他意识到自己的问题了。他说："小丽，谢谢你告诉我这些。我会注意的，以后不会再这样了。"小丽笑了笑，她知道改变需要时间，但她愿意给阿俊一个机会。

在约会中，有些话题和玩笑可能会成为"雷区"，它们看似无害，实则可能伤害到对方。我们要学会识别这些"雷区"，避免触碰它们，这样才能保护彼此的感情，让约会更加愉快。

除了贬低他人或带有轻蔑的玩笑外，其实约会时还有很多"雷区"，比如，过度谈论前任会让对方觉得自己被比较或被忽视；过分关注外表而忽略内在交流，会使约会流于表面；过早谈论婚姻、子女等重大话题可能会给对方带来压力……那么，要如何避开这些"雷区"呢？

避开"雷区"并不在于刻意压抑自己，而在于掌握一种"适度"的分寸感。在约会时，话题的选择和表达的方式都需要讲究分寸。比如，可以选择一些轻松、有趣的主题，如旅行、爱好等，这类话题既能展示个人的兴趣爱好，也能为对方提供话题延展的空间。同时，倾听对方的意见和感受，给予适当的回应，才能让对话充满互动感。

此外，注意观察对方的反应也是避开"雷区"的重要方法，当你发现对方在某个话题上表现出不适或迟疑时，应及时转移话题，避免深入探讨那些可能引发不快的内容。正如一位智者所说："真正的智慧在于懂得退让和适时止步。"在约会中，灵活应对，及时调整话题，既能避开

"雷区"，又能让交流更加顺畅自然。

　　总而言之，"雷区"无处不在，它们隐藏在我们生活的每一个角落。要想避开这些"雷区"，关键在于培养敏锐的观察力、从他人的教训中学习，并保持清醒的头脑。只有这样，我们才能在人生的道路上行稳致远，避免因错误而付出沉重的代价。

约会攻略

　　约会中的"雷区"并不可怕，关键在于我们如何识别和避开。掌握好分寸，尊重对方的感受，用心交流，才能让约会成为一段愉快的经历，开启一段美好的关系。

微信扫码
❶ AI贴心闺蜜
❷ 成长必修课
❸ 情商进阶营
❹ 幸福研讨室

Women's
Dating Strategy

第三章

优雅大气上档次，约会就得有礼有节

举止间透露的温文尔雅，让每一次对视都充满温情。如此约会，方能留下深刻印象，让情感在礼节的氛围中悄然升温，共绘美好篇章。

发出邀请，
时间须得拿捏好

　　俗话说："男追女，隔座山；女追男，隔层纱。"听起来好像约会只要是女生发出的，对方就一定会回应一样，但事实并非如此。约会表面上看似是一件简单的事情，但其中的时间拿捏，却蕴含着深刻的智慧。

　　有一句话说："成功的秘诀在于抓住机会。"机会只有在恰当的时间才是真正的机会。你或许准备好了一切，精心策划了一场聚会，或是在心中计划了一次重要的会面，但如果时间选择不当，这一切可能都将付诸东流。

　　设想一下，周一早晨他正处于工作高峰期，突然收到你的晚餐邀请。哪怕你们现在已是男女朋友关系，恐怕那一刻，他的脑海里可能浮现的是即将到来的会议、紧迫的截止日期，甚至是积压的邮件……

　　相反，忙碌地工作了一天之后，人们往往渴望放松和社交。如果你在周五傍晚发出邀请，不仅让人感觉到温暖，还会让对方更愿意接受。时机的选择，如同一把精准的标尺，测量着关系的温度和距离。

晓晨是个忙碌的平面设计师，她的日程总是排得满满的。一次偶然的机会，她在一个行业交流会上遇到了张涛，一个出版社的编辑。两人在会议间隙聊得挺投机，晓晨决定邀请张涛出去约会。

晓晨是个急性子，她不喜欢拖泥带水。会议结束后的第二天，她就给张涛发了条微信："张涛，昨天聊得很开心，今天晚上有空一起吃个饭吗？"她没有考虑到张涛可能需要时间来安排自己的日程，也没有选择一个更加宽松的时间来发出邀请。

张涛收到信息时正在开会，他匆忙回复说："不好意思，今晚我已经有安排了。"晓晨有些失望，但她很快又发了一条："那明天中午呢？我知道一家不错的餐厅。"张涛回复说："明天中午我有一个重要的工作会议，可能不太方便。"晓晨感到有些沮丧，她没有意识到自己的邀请太过突然，没有给对方留下足够的准备时间。

晓晨没有放弃，她又问："那这周末怎么样？我们可以去看一场电影。"张涛这次没有立即回复，因为他正在考虑如何委婉地告诉晓晨，她的邀请方式让他感到有些压力。最终，他回复说："这周末我可能也安排了一些事情，我们再找时间吧。"

晓晨开始意识到，她可能太过于急躁了。她没有考虑到张涛的日程和感受，只是一味地按照自己的想法来安排约会。她开始反思自己的行为，意识到在发出约会邀请时，应该更加考虑对方的情况，选择合适的时机。

几天后，晓晨再次给张涛发了微信："张涛，我想我之前可能没有考虑到你的日程，不好意思。下周五晚上你有空吗？我们可以一起去看那个艺术展览。"这次，她给了张涛足够的时间来考虑和安排。

张涛对晓晨的理解和体贴感到欣慰，他回复说："下周五晚上我可以安排，那我们到时候见。"晓晨松了一口气，她知道自己这次做对了。

想要约会的心情大家都理解，但无论心里多么急着见他，也要考虑对方的情况，给对方足够的时间和空间，找一个合适的时机，这样才能确保约会的顺利进行，也有助于建立双方的良好关系。

那么，如何选好发出邀请的时间呢？首先，要了解对方的生活节奏。每个人的生活习惯不同，察觉这些细节利于你选择最佳时机。比如，你的同事每天下班后都会去健身，你可以等他健身结束再邀请。

其次，观察对方的情绪状态。一个人在不同的情境下，情绪的波动也会影响到他对邀请的反应。如果你的朋友正处于低谷期，忙于处理生活中的困难，那么此时的邀请可能会被视为一种负担。但如果他正处于情绪高涨、充满能量的阶段，那么你的邀请会更容易被接受，并且互动的效果也会更好。

最后，发出邀请应保持适度的提前量。邀请太过仓促容易令人措手不及，而安排过早可能会失去新鲜感。因此，选择恰到好处的提前量，不仅能让对方有足够的时间安排，还能保持对活动的期待。

约会攻略

时机的掌握，如同一位高明的音乐指挥，只有在恰当的时间点上发出指令，才能奏出和谐的乐章。发出邀请也是如此，时间的拿捏决定了关系的质感与深度。

举止优雅，彰显素养

你有没有在电视剧里看到过这样的场景：

男主角在高档餐厅里，举止优雅地为女主角拉开椅子，轻声细语地交谈，每一个动作都透露着绅士的风度；或者女主角在咖啡馆里，轻抿一口咖啡，微笑倾听，每一个微笑都散发着淑女的魅力。这些细节，往往让人印象深刻，甚至成为剧集中的亮点。约会不仅仅是两个人相互了解的过程，更是展现个人魅力和内在素养的舞台。

一个人的言行举止，往往反映了他内心的修养与品德。优雅的举止，不仅是一种外在的表现，更是内在素养的自然流露。它是一种无声的语言，能传达出一个人对他人、对生活的尊重与关怀。

优雅并非仅仅体现在外表的精致或言辞的得体，更重要的是一种从容不迫的气质，一种懂得分寸的自我控制。举止优雅的人，在面对复杂的人际关系时，能够游刃有余地应对；在遭遇挫折时，能够从容镇定，不急不躁。这种从容源自内心的平和和对自己、对他人的尊重。

李晨最近通过朋友介绍，认识了一个叫林静的女孩，两人在微信上聊得挺投机。于是，他们决定在一个周末的下午，去市中心的一家颇有情调的咖啡馆见面。

约会那天，李晨特意提前到了咖啡馆，挑了个靠窗的好位置，点了杯拿铁，静静地等着林静。他环顾四周，咖啡馆里播放着轻柔的爵士乐，氛围温馨而舒适，是个聊天的好地方。

不久，林静准时出现了，她轻声打了个招呼，然后优雅地坐下。李晨注意到，林静的举止自然而得体，言谈间流露出一种从容不迫的气质，这让他对林静的印象分直线上升。

"这家咖啡馆的氛围真不错，我喜欢这里的音乐。"李晨开口说道。

林静微笑着回应："是啊，音乐很能营造氛围，让人感觉放松。"

整个约会过程中，李晨都保持着绅士的风度。他没有急于夸夸其谈，而是耐心地听林静分享她最近读的一本书。当林静谈到书中的某个观点时，李晨认真地听着，然后提出了自己的见解，展现了对她话题的真正兴趣。

"我最近也在看一些关于心理学的书，你提到的这个观点挺有意思的。"李晨说。

林静感到李晨不仅在听，还在思考，这让她感到非常舒服。

两人的话题很快转到了旅行。李晨分享了他在西藏的旅行经历，然后巧妙地问林静："你有没有什么难忘的旅行经历？"

　　林静开心地分享了她在云南的徒步旅行，李晨听得津津有味，不时地点头表示赞同。

　　服务员来结账时，李晨主动提出要请客，林静则笑着说："这次你请，下次我带你去我最喜欢的那家餐厅。"

　　李晨微笑着接受了她的提议："那下次就期待你的推荐了。"

　　约会结束时，李晨帮林静拿起外套，两人一起走出咖啡馆。在门口，李晨礼貌地帮林静穿上外套，然后说："今天和你聊天很愉快，希望很快能再次见到你。"

　　林静点头微笑，她对李晨的绅士风度印象深刻。她觉得李晨不仅聪明，而且有一种难得的优雅和素养。

　　这次约会之后，林静对李晨的好感度大增。一个人的举止往往最能反映其内在的修养，李晨的优雅举止让她看到了一个懂得尊重和包容他人的人，也让她对未来的相处充满了期待。正是这种优雅和素养，让他们的关系从第一次约会开始就建立在了一种相互尊重和欣赏的基础上。

　　我们常常在影视剧中看到那些举止优雅的角色，如《红楼梦》中的贾宝玉，他的举手投足间总是流露出一种贵族的风度，即便身处困境，也能保持内在的尊严。这种优雅，并非源自他的身份地位，而是他内心深处的一种文化素养与个人修为的体现。

　　现代社会中，我们常常被忙碌的生活节奏所驱使，忽略了举止的优雅。优雅源于内心的平静与自信，我们需要学会倾听自己内心的声音，不被外界的纷扰所左右。每天给自己一些时间去反思，去安静地思考，保持内心的平和。当内心宁静了，举止自然会优雅从容。

优雅的举止还来自对他人的关怀与尊重，心中有了世界，世界也就成了你的舞台。在公共场合保持礼貌，不打扰他人；在对话中懂得倾听，不急于打断；在与他人相处时，关注细节，尊重彼此的界限。这些细微之处，无不透露出一个人的素养与修为。

最重要的是，优雅可不是什么与生俱来的，每个人来到人间都如白纸一张，通过阅读提升自己的文化素养，通过实践增强自己的社交技巧，优雅并不是天生的，而是通过长期的自我修养和实践逐渐形成的。

约会攻略

举止优雅，是一种深藏于内心的力量，它能让我们在纷繁复杂的生活中保持一种清新脱俗的态度。让我们在日常的言谈举止中，时刻保持优雅，从而真正彰显出内在的素养。

初次约会，
哪些话题不能聊

在《傲慢与偏见》中，伊丽莎白·贝内特与菲茨威廉·达西的初次交流因为达西的一句不合时宜的话而给伊丽莎白留下了不好的印象。

宾利问达西："你不打算请伊丽莎白·贝内特跳一支舞吗？她真是漂亮得很。"

"她还算得上是漂亮，但远不如你说得那么出色。她不够美丽，不能激起我跳舞的欲望。而且我现在不大愿意让自己和本地的小姐们结交。"

伊丽莎白听到这些话，虽然表面上并没有表现出什么，但心里已经对达西的傲慢态度感到不满。也正是因为这次不愉快的交流，使得伊丽莎白对达西产生了负面的印象，这也是他们之后故事发展的重要铺垫。

初次约会需要的是节奏感和轻松的氛围，而非沉重的讨论和过多的负担。在初次约会中，言谈举止要显得自然大方，不要试图揭开太多复杂的面纱。选择合适的话题，不仅能让彼此更轻松，还能为未来的进一步了解打下基础。

在这个过程中，有些话题看似无伤大雅，却可能引发不必要的紧张和误解。比如，谈论前任感情经历，无疑是一种自带负面情绪的行为。无论是伤痛的回忆还是美好的过去，这样的讨论很容易让对方感到不安或者尴尬。

此外，涉及个人经济状况的话题也不适宜在初次约会中提及。过早谈论收入、财富或者物质条件，容易让对方感到被评判或者被物化，仿佛这段关系的价值要靠金钱来衡量。

还有尽量避免探讨一些敏感的话题，如政治、宗教或其他价值观。这些话题往往容易引发争议，如果意见不一致，可能会造成尴尬的气氛。

在一家风格温馨的咖啡馆里，高奇飞和娜娜面对面坐着，两人都是第一次见面，空气中弥漫着一丝尴尬又期待的气氛。

高奇飞试图打破沉默，他微笑着说："你平时有什么爱好啊？我最近在研究股票，挺有意思的，你有兴趣聊聊吗？"

娜娜轻轻摇头，幽默地回答："不不不，聊股票啊，一不小心就成了理财顾问，这可不行。"

高奇飞听后笑了，他决定换个话题："那说点轻松的吧。你介意谈谈前任吗？"

娜娜惊讶地看着他，反问："前任？那你是打算听故事，还是收拾烂摊子？"

高奇飞意识到自己可能又踩到了"雷区"，尴尬地挠了挠头："好吧，好吧，那我们聊聊旅游吧，总没问题了吧？"

娜娜调皮地笑了："行，不过先别说'去哪里'，先说说'跟谁去'。"

高奇飞叹了口气，意识到初次约会的对话就像是在"雷区"中跳舞："看来初次约会，真是每一句话都有'雷'啊。"

娜娜被他的表情逗乐了，笑得前仰后合："是啊，咱们就小心点，别踩'雷'！"

两人的笑声在咖啡馆里回荡，虽然一开始的话题选择有些笨拙，但最终他们找到了共同的节奏，让这次约会在轻松愉快的氛围中继续进行。就像那句老话："好的开始是成功的一半。"在初次见面时，我们不必急于达成共识，也不必刻意追求深度，而是要在和谐与差异中共存，让彼此的个性在交流中自然展现。

初次约会像是在生活的画布上轻轻描下的第一笔，它不必是浓墨重彩的一笔，也无需深挖那些需要时间来回答的生命课题。关键在于，我们如何在轻松的谈笑中，播下友谊的种子，让它在未来的日子里慢慢生根发芽。

一个恰当的话题能够打破沉默，促进交流，甚至加深彼此的了解。比如，当与朋友聚会时，可以轻松地询问他们最近是否尝试了新的食谱或参加了哪些有趣的活动，这样的话题既轻松又具有互动性，能够激发出更多的分享和讨论。

在商务场合，讨论行业趋势或最近的市场动态，不仅能够展示你的专业性，还能引发深入的对话，有助于建立业务联系。

　　而在家庭聚会中，分享家庭故事或回忆童年趣事，能够引起共鸣，增进家庭成员之间的情感联系。

　　此外，讨论一些普遍关心的社会问题，如环境保护或健康生活方式，也是不错的选择。这些话题通常能够引起广泛的共鸣，让人们在表达自己观点的同时，也能够听到不同的声音，从而促进相互理解和互相尊重。

　　正如古语所说："和而不同，方能长久。"在初次约会时，我们追求的是一种和谐的氛围，而不是完全的一致。我们尊重对方的独特性，同时也保持自己的个性。这样的相处，才能让两个人的关系更加稳固，也更有趣味。

约会攻略

　　当你准备初次约会时，记得放松心情，让对话自然"流淌"，避开敏感话题，享受那份轻松和愉悦，这将是你们关系最美好的开端。

哪些贴心小动作，
可以拉近彼此距离

你知道吗？人与人之间的距离，有时候就像是厨房里的香料，一点点就能让整个菜肴变得不同。那些看似不起眼的小动作，其实就像是调味料，能让关系变得更加有味道。

比如，你忙了一天，累得不想动，回到家里，有人已经帮你把拖鞋放好，或者递给你一杯刚泡好的热茶。这些小动作，虽然简单，但它们就像是生活中的小确幸，让你感受到家的温暖和被关心的感觉。

这种贴心的行为，不需要大张旗鼓，也不需要花言巧语。它可能就是在你忙碌的时候，有人帮你分担一点家务；或者在你烦恼的时候，有人愿意倾听你的心声。这些小小的关怀，就像是生活中的小惊喜，让你感受到人与人之间的那份真挚和温暖。

不要小看这些小动作，它们就像是生活中的小火花，能够点燃人与人之间的友谊和爱。下次，当你看到别人需要帮助时，不妨伸出援手，哪怕是一个小小的动作，也可能成为拉近彼此距离的关键。

杰琳和王强是在公司的一个项目会议上认识的。那天，会议室里的气氛异常紧张，每个人都在争分夺秒地讨论着项目的每一个细节。虽然他们俩在会上并没有太多交流，但杰琳对王强那种沉着冷静、条理清晰的工作态度印象深刻。

几天后，公司组织了一次团建活动，大家去了郊外的一个度假村放松。活动结束后，大家围坐在一起聊天，气氛轻松了不少。杰琳因为连着几天加班，感觉有点累，就找了个角落静静地坐着，不自觉地揉了揉酸痛的肩膀。

王强注意到了杰琳的小动作，他站起身，走向休息区，给自己和杰琳各倒了一杯热茶。他走到杰琳身边，递过茶杯，笑着说："看你挺累的，来，喝点热茶，暖暖身子。"

杰琳有点意外，但更多的是感动。她没想到王强会注意到她的小动作，更没想到他会这么细心。她接过茶杯，那股温暖从手心传到了心里。

"谢了，王强，你真细心。"杰琳笑着回应。

王强挥挥手，轻松地说："嗨，这算啥，大家都不容易，互相照应嘛。"

从那以后，杰琳和王强的交流越来越多，话题也从工作聊到了生活。王强总能敏锐地捕捉到杰琳的需求，哪怕是她不经意间的一个眼神或动作，他都能及时发现。无论是简单的问候还是细心的关照，王强的这些小动作让杰琳对他的印象越来越好。

两人的关系就在这些看似不起眼的互动中慢慢升温。杰琳发现，王强的每一个小动作都透露着关心和体贴，让她感到自己被重视。那杯热茶，不仅是他们友谊的开始，也让杰琳意识到，有时候，正是这些看似微不足道的贴心小动作，才能真正拉近人与人之间的距离，让彼此的关系更加深厚。

那么，如何在生活中运用这些贴心的小动作来拉近彼此的距离呢？重要的是要从心底里关注对方的需求，做到真正的体贴。比如，当你和朋友一起外出时，注意到他穿的鞋子不太舒适时，就稍作休息，或者主动提出换个地方。

另外，在日常的相处中，学会给予对方细致入微的照顾，这种照顾并不需要多么费力，比如在餐桌上为对方夹一筷子他喜欢的菜，或者在寒冷的天气里提前为对方准备一条围巾。

同时，倾听也是一种重要的贴心小动作，很多人只顾着表达自己，却忽视了倾听对方的需求和感受。学会静下心来，认真倾听对方的声音，及时给予回应和支持，这不仅能让对方感受到被重视，还能让彼此的关系更加牢固。

这些贴心的小动作虽然看似微不足道，但正是通过这些细微的举动，我们得以拉近与他人的距离。在这个浮躁的世界里，正是这些不起眼的小细节，能够让我们感受到人情的温暖，找到真正的连接。

因此，不要忽视那些日常中的小动作，它们才是拉近彼此距离的桥梁。无论是递上一杯茶，还是静心倾听，这些微不足道的举动，往往是构建亲密关系的基石。在生活中，我们应当学会关注这些细节，让这些贴心的小动作成为拉近彼此距离的重要工具。

约会攻略

一个小小的关怀动作、一句柔和的问候，就足以让你感受到彼此的情感连接，温暖彼此的心灵。微不足道的贴心小动作，才能真正拉近彼此的距离，建立起更深厚的感情。

别光顾着自己说，
要多给对方倾诉的机会

你有没有这样的感觉，我们常常急于表达自己，却忽略或者干脆忘记了倾听他人的声音。这种单向的交流，就像是一条只进不出的河流，最终只会干涸。沟通应该是一场心灵的对话，是双向的，需要我们既表达自己，也给对方倾诉的空间。

当你在与人交谈时，总是滔滔不绝，而对方却只能在一旁默默聆听。这样的对话，虽然看似热闹，但只是你在表达，缺乏真正的交流与理解。我们需要的是，像河流一样，既有流入也有流出，让思想和情感在彼此之间自由流动。

在对话中，我们要学会适时地闭上嘴巴，打开耳朵，当你送给对方一双耳朵的时候，你一定会有新的发现。给对方一个倾诉的机会，让他们的声音也能被听见，这样的交流，不仅能够增进彼此的了解，还能让我们从中学到新的东西，获得新的启发。

　　有一次，张彪通过朋友介绍认识了文静而有内涵的小慧。两人约定在一个温馨的咖啡馆见面。张彪提前到达，选了一个靠窗的位置，期待着这次约会。

　　小慧准时到达，她穿着一件简单的连衣裙，给人一种清新脱俗的感觉。两人坐下后，张彪立刻开始了他的话题。他从自己的工作谈到了旅行经历，从电影谈到了音乐，几乎涵盖了所有他感兴趣的领域。小慧微笑地听着，偶尔点头表示赞同，但她几乎没有机会插话。

　　时间一分一秒地过去，张彪的话题似乎永无止境。小慧开始感到有些尴尬，她几次试图插话，但都被张彪的话题淹没了。她的眼神中流露出一丝失望，但张彪却没有察觉。

　　终于，小慧忍不住了，她轻声说："张彪，其实我也有很多事情想和你分享，你能给我一点时间吗？"

　　张彪这才意识到自己的疏忽，他有些尴尬地笑了笑，说："当然可以，你请说。"

　　小慧刚要开口，张彪的手机响了。他看了看手机，然后对小慧说："不好意思，我接个电话。"电话持续了几分钟，小慧坐在那里，感到有些无奈。当张彪挂断电话后，他又开始继续他的话题，完全没有意识到小慧的感受。

　　小慧再次尝试插话："小张，我最近看了一本书，挺有意思的，是关于……"

　　张彪打断了她："哦，书啊，我最近也在看一本书，讲的是……"

　　小慧的脸上闪过一丝不悦，她打断了张彪："小张，我觉得我们今天好像都在听你一个人说，我也有自己的想法和故事。"

张彪这才意识到问题的严重性，他尴尬地说："对不起，小慧，我可能太兴奋了，没注意到你的感受。"

小慧微笑着说："没关系，但下次我们可以多交流交流，不只是听你说。"

约会结束后，小慧礼貌地告别了张彪，但她的心里已经有了决定。她觉得张彪虽然有趣，但他的自我让她感到不舒服。她需要的是一个能够倾听她想法的伴侣，而不是一个只关注自己的人。

张彪回到家后，回想起这次约会，他开始意识到自己的问题。他意识到，约会不仅仅是展示自己，更重要的是了解对方，给对方一个表达自己的机会。他决定下次约会时，要学会倾听，给对方更多的关注和尊重。

这次不欢而散的约会，虽然让张彪感到遗憾，但也给了他一个宝贵的教训。与人交往中，倾听和表达同样重要，只有真正倾听对方的谈话，才能建立起深厚的感情和理解。沟通就像是一场双人舞，需要双方的步调一致，才能跳出和谐的舞步。

对话是单向的独白还是双向的交响，关键在于我们是否愿意放下自我，打开心扉，去倾听对方的声音。那么，我们如何在交流中给对方更多的倾诉空间呢？

我们要做的是放下自己的预设，把焦点转移到对方身上，可以在聊天时试着用一些开放式的问题来引导对方，比如"你觉得呢？"或者"怎么样呀？"

在这些问题的引导下，对方可能会开始分享，此时，我们要做的不仅仅是点头，而是真正的倾听。用心去捕捉对方话语中的关键词，适时地给予反馈，比如重复对方的话或者总结他们的观点，这样的行为能够让对方感到被重视，感到自己的意见被真正听见。

最后，当对方说完后，我们可以分享自己的看法，但要记得控制自己的表达欲，避免让对话再次变成自己的独角戏。交流的艺术在于平衡，既要有自我表达，也要给对方留出足够的空间。

因此，在日常生活中，我们不妨尝试少说多听，你可能会惊讶地发现，倾听不仅能让我们更深入地理解他人，还能让我们的对话变得更加丰富和有价值。

总之，别光顾着自己说，多给对方倾诉的机会。这不仅是人际交往中的一种美德，更是通向深度理解和关系稳固的桥梁。在倾听中，我们不仅能更好地了解他人，也能更清晰地认识自己。

约会攻略

沟通的质量并不取决于你说话的多少，而在于你是否真正给了对方表达的机会。这种平等的对话，才是建立真正理解和共鸣的关键。

怎么得体收尾，
才能为下一次约会预热

"好的开始是成功的一半。"但别忘了，好的结束同样重要，它为下一次的成功铺路。无论约会多么精彩，如果结尾草率，就可能留下遗憾，甚至抵消之前的努力。就像那句老话："善始者实繁，克终者盖寡。"能够善始善终，才是一段完整而美好的经历。

人与人之间的交往，就像是一本未完待续的书，每一次见面都是一个章节，而每一次分别则是章节的结尾。如何在约会结束时得体收尾，不仅能为当天的相处画上一个完美的句号，更能为下一次约会埋下期待的种子。

这种收尾的艺术，实际上是人与人相处中微妙的平衡点，它既包含着对彼此的尊重，也蕴含着对未来的期待。《礼记》中说："礼尚往来，往而不来，非礼也。"交往中每一个细节都应当注重对方的感受，而得体的收尾，正是对这种礼仪的体现。

得体的收尾首先表现为对时间的尊重。结束约会时，切勿拖沓或表现出不舍，而应当在合适的时机主动提出告别。这样不仅显得大方得体，也能让对方感受到你对时间的掌控能力和对他人的尊重。

张涛平时话不多，比较理性，特别喜欢用逻辑思考问题。后来，他遇到了李婧。

李婧是那种一出现就能照亮整个房间的女孩。她的笑容灿烂，让张涛内心的冰山都开始融化。他们的第一次约会，选在了一个安静的书吧，他们聊着各自的爱好和梦想，气氛轻松愉快。张涛惊讶地发现，自己在李婧面前竟然能这么自在。

时间过得飞快，约会就要结束了。张涛心里虽然有点不舍，但他知道，一个好的结尾能给对方留下好印象。他记得朋友的建议："结束约会时，别太急也别拖太久。"当他们走出书吧，李婧笑着说："今天真的很开心。"

张涛本想按计划说再见，但他突然改了主意。他抬头看了看夜空，星星闪烁。他深吸了一口气，然后温柔地说："你看，今晚的星星特别亮，就像我们今天的心情。"

李婧愣了一下，然后笑得更灿烂了。她看着星星，好像在想些什么。"是啊，星星很美。我们下次可以找个地方一起看星星。"她轻声说。

张涛心里乐开了花，但他没有急着约下次。他只是微笑着说："好主意，我也期待。"

告别时，张涛表现得很自然。他微微弯腰，说："今晚很开心，谢谢你。路上小心，早点休息。"

李婧也温柔地回应，然后两人挥手告别。

回到家，张涛给李婧发了条短信："到家了，今晚的约会很棒。下次再聊，晚安。"他没有多说什么，只是表达了自己的感受，为下次见面留了点悬念。

李婧很快回复了："晚安，我也期待下次。"

张涛第一次体会到，得体的告别有多重要。这种既不急也不拖的结束方式，让他们俩都很舒服，也给他们的关系留下了更多可能。后来，他们真的一起去看了星星，关系也更近了一步。每次想起那晚的星空，张涛都会感慨："最美的相遇，不仅在于开始，更在于那个得体的告别。"

确实，得体地结束一次约会，就像是在播种，为下一次的相聚播下希望的种子。那么，具体该怎么做呢？

首先，别急着说再见。约会快结束时，可以放慢节奏，聊聊轻松的话题，比如最近看的电影或者周末的计划。这样的对话能让气氛保持轻松，同时也能让对方感受到你的真诚。不要急于结束这次相聚，而是享受这次约会。

接着，用一些正面的话语来收尾。你可以说："今晚过得真快，和你聊天很愉快，希望我们很快能再见面。"这样的告别语不仅表达了你对这次约会的满意，也透露出你对未来相聚的期待。

最后，别忘了肢体语言的力量。一个真诚的微笑，一个温暖的拥抱，或者一个友好的挥手，都能传递出你的善意和期待。这些小动作，虽然简单，却能让对方感受到你的心意，为下一次的约会增添一份温馨。

记得，约会的结束并不是故事的终点，而是新篇章的开始。用得体的方式结束，不仅让这次约会留下美好的回忆，也为未来的相遇种下期待的种子。这样的智慧，值得我们在每一次约会中去实践和体验。

约会攻略

得体收尾的关键在于把握分寸，既要表现出对这次相处的珍惜，也要自然地为未来埋下伏笔。一个好的收尾，能够为下一次约会带来无限的可能性，而这，正是每一段关系稳步发展的基石。

微信扫码
① AI贴心闺蜜
② 成长必修课
③ 情商进阶营
④ 幸福研讨室

Women's Dating Strategy

第四章

魅力四射，内在与外在的双重蜕变

外在的精致装扮彰显个性风采，内在的修养与智慧则散发迷人的光芒。两者相辅相成，让女性在约会中自信闪耀，不仅吸引目光，更触动心灵，成就每一次约会的难忘瞬间。

长得不漂亮，
怎么才可以很迷人

　　她可能没有深邃的眼眸，但她那双会说话的眼睛，总能在谈笑间流露出智慧的光芒；

　　她可能没有高挑的身材，但她那自信的步伐，总能在人群中走出独特的风采；

　　她可能没有精致的五官，但她那温暖的笑容，总能在不经意间感染周围的人；

　　她可能没有华丽的装扮，但她那得体的举止，总能在不经意间展现出不凡的品位。

　　你有没有想过，为什么有些人，虽然不是传统意义上的漂亮，却总能让人眼前一亮，甚至心生向往？

　　长得不漂亮，并不意味着就不能迷人。相反，真正的魅力，往往来自那些超越外表的内在品质。美丽这个词，往往被狭义地理解为外貌上的吸引力。然而，真正的魅力却远不止于此。

我们常常被告知外貌的重要性，但那些真正迷人的人，往往并不依赖于天生的容貌，而是散发出一种由内而外的吸引力。正如法国作家玛格丽特·杜拉斯所说："美丽是暂时的，魅力是永恒的。"

苏晓长相不算出众，但她周围却有很多朋友，因为大家都喜欢这个热情、开朗、自信的女孩。

有一天，公司组织了一次户外烧烤活动，大家都在忙着准备食材和炭火。苏晓也不例外，她拿着自己的相机，边帮忙边捕捉着大家忙碌的身影。

李扬，一个平时不太爱说话的同事，看到苏晓在拍照，便凑了过去。"嘿，苏晓，你这相机不错啊，拍出来的照片肯定很美吧？"他试图找话题。

苏晓抬头，笑着回答："还行吧，主要是我喜欢记录这些瞬间。你看，这烤肉的烟，这阳光，都是生活的味道。"

李扬点了点头，他觉得苏晓的话很有道理。"那你周末有空吗？我知道一家不错的咖啡馆，我们可以去坐坐，顺便聊聊你的照片。"

苏晓想了想，然后轻松地说："好啊，我也想听听你的看法。周末见。"

到了周末，他们如约来到了那家小咖啡馆。苏晓穿着她最喜欢的那件宽松的白色T恤和牛仔裤，简单却不失个性。

他们找了个靠窗的位置坐下，李扬点了两杯拿铁。"你平时都是怎么找灵感拍照的？"李扬好奇地问。

苏晓抿了一口咖啡，笑着说："其实灵感无处不在，就像这杯咖啡，它的香气，它的颜色，都能成为我拍照的灵感。"

李扬被她的话逗笑了，他觉得苏晓真的很特别。他们聊了很多，从摄影到旅行，从书籍到电影，苏晓总能用她独特的视角给人带来新的启发。

时间过得很快，咖啡也喝完了。李扬看了看手表，然后对苏晓说："今天和你聊天真的很开心，你让我看到了不一样的世界。"

苏晓笑着回应："和你聊天我也很放松。我们下次可以一起去个展览或者音乐会。"

李扬点头同意，他觉得苏晓的魅力不仅仅在于她的外表，更在于她对生活的热情和对知识的渴望。

在告别的时候，李扬忍不住说出了心里的话："苏晓，你知道吗？你真的很迷人，你的内在美比任何外表都要吸引人。"

苏晓笑着摆了摆手："别这么说，我只是做我自己而已。每个人都有自己独特的魅力，只要他们愿意展现。"

从那以后，李扬和苏晓成了好朋友，他们经常一起出去，分享生活的点滴。

长相可能是天生的，但迷人却可以通过后天的努力去培养。一个人之所以迷人，不在于外表，而在于她的气质、态度和自信心。我们曾见过许多长相平凡的人，但他们的独特魅力会吸引众人的目光。这种魅力源于他们对自己的认可，以及对生活的热爱。

女孩最迷人之处在于自信，一个对自己有信心的人，无论长相如何，都会让人感到舒适和愉悦。要相信自己很棒，"不要低头，皇冠会掉；不要哭泣，敌人会笑。"永远在心里暗示自己，对自己要有充足的自信。当然，自信并不意味着盲目地高估自己，而是深知自己的价值，知道如何在生活中展示自己。

迷人还来自内在的智慧和思想的深度，外貌可能会随着时间的流逝而改变，但一个人丰富的思想、广博的知识和独到的见解，却会随着时间的积累变得更加深邃。当一个人能够在与人交往中展示出她独特的思维方式和见解时，这种内在的光辉会远远超越外表的吸引力。

此外，迷人还体现在对他人的关心与体贴上。一个真诚关心他人、懂得倾听、愿意帮助别人的人，总是能够赢得别人的尊重和喜爱。比如，当你走进一个房间，里面有一个总是微笑着、温柔地对待每个人的人，你会不由自主地被她吸引，因为她的魅力并不来自她的外貌，而是她待人接物的态度。

约会攻略

"腹有诗书气自华。"迷人并非为了取悦他人，而是为了活出最真实的自己。真正的美丽和迷人，不是表现在外，而是深藏在内心，随着岁月的沉淀而愈发耀眼。

怎么说话，
才能好听又迷人

你说"这东西好吃"，他说"这是垃圾食品的代表"。

你说"这衣服真好看"，他说"这衣服穿你身上显胖"。

……

如果有人以"我这个人说话比较直"米作为开场白，那么接下来不需要怀疑，他所说的话绝对是你不想听或者是能把你气到翻白眼的。

"语言"是我们每天都在使用的工具，其实远不只是交流的媒介。它连接着我们的内心世界和他人的思想，有些人的话一出口，就会让人极不舒服，而那些擅长说话的人，他们的话语仿佛有种魔力，能在不经意间触动人心，无论是在闲谈中还是严肃的讨论里，他们总能散发出一种难以抗拒的魅力。

这种魅力，源自说话背后的力量。懂得说话艺术的人，他们知道如何在言语中透露出自己的智慧和温情；而且他们往往对人性有着敏锐的洞察力，他们知道怎样用语言来安抚不安，怎样用言辞来激发潜能，怎样用话语来缓和紧张。这种能力让他们在人际交往中游刃有余，也让他们自然而然地成为众人瞩目的焦点。

林浩在大学里是个篮球明星，成绩也拔尖，一次偶然的机会，他遇到了隔壁系的陈欣——他心里期盼很久的人，他鼓起勇气邀请陈欣一起去看电影。

约会那天，林浩早早地到了电影院，心情既激动又紧张。他不想表现得太过拘谨，于是尽量找些话题和陈欣聊天。"嘿，陈欣，你平时喜欢做什么？"林浩试图打破沉默。

陈欣微笑着回答："我喜欢看书，也喜欢旅行。你呢，林浩，除了篮球，还有什么爱好？"她的话语温柔而引导性强，让林浩感到轻松。

他们坐在电影院旁的咖啡馆里，林浩紧张地喝了口咖啡，然后开始滔滔不绝地讲述自己在篮球场上的英勇事迹。"那次比赛，我最后一个三分球，直接把比分扳平了……"他兴奋地说着，陈欣耐心地听着，笑而不语。

约会结束后的第二天，陈欣和她最好的闺蜜小雅坐在校园的长椅上，享受着午后的阳光。

小雅好奇地问："昨晚和林浩的约会怎么样？他不是挺有名的篮球明星吗？"

陈欣叹了口气，说："是啊，他篮球打得确实不错，人也挺帅的，但昨晚的约会……怎么说呢，感觉有点累。"

小雅皱了皱眉，关心地问："累？怎么回事？"

陈欣捋了捋头发，回忆着说："他一直在说他自己的事情，篮球比赛啊，他的成就啊，我几乎插不上话。我知道他可能只是想展示自己最好的一面，但亲爱的，他说话我实在插不上嘴呀……"

小雅哈哈笑起来，说："完了，挺好一小伙儿，偏偏长了嘴！"

林浩始终都不明白，为什么那个让他心动的女孩，感觉聊得很不错，却再也没有回应他。他不懂的是，会说话不仅仅是讲得多，而是要在适当的时机，说出让对方感到舒适和被重视的话。

时间能改变许多事物，包括我们的容颜，但它带不走语言的魅力。那些懂得运用语言的人，能在生活的各个舞台上展现其独特的风采。他们的话语，就像春日里的暖风，温暖而舒适；又似秋日的清泉，清澈而深邃。无论在何时何地，他们总能用言语触动人心，赢得他人的信任与尊重。

他们通过言语表达自己，同时也给予他人尊重。在他们的对话中，我们可以感受到一种力量，这种力量源自他们对生活的深刻理解，对人性的宽容，以及对语言的精准掌控。

擅长言辞的人，在人际交往中往往能占据优势。他们能够巧妙地引导对话，轻松地化解尴尬局面，营造出和谐的氛围。他们的话语能够触及人心最柔软的部分，也能激发人们对未来的希望和梦想。正是因为他们懂得如何说话，所以他们总能在人群中脱颖而出，成为众人瞩目的焦点。

要想说话好听又迷人，关键在于找到语言的艺术和情感的共鸣，不妨从以下几个方面着手：首先，练习倾听，多关注对方的需求和感受，而不是急于表达自己的观点。其次，学会从对方的角度出发，思考他想要听到什么，而不是自己想说什么。当你表达对对方的赞美时，注意具体化，让对方感受到你的真诚。在语速和语调上，保持温和，不急不躁，避免激烈的语气。最后，适度运用幽默，使交流更加轻松愉快。

此外，适当的身体语言也很重要，一个微笑、一个眼神，都能增强语言的魅力。通过这些方法，你会发现自己在沟通中变得更加从容、迷人，而你的话语也会变得更加有力，能够真正打动人心。

约会攻略

会说话的人，有着无形的力量。这种力量并非来自外表的光鲜亮丽，而是源自内心的智慧和对语言的掌控。好听的话语来自真诚的心意，而迷人的表达则源自对他人的关怀与尊重。

善用快乐的情绪，
去打动别人

　　《大明宫词》中，太平公主在面临一场艰难的政治博弈时，选择了以轻松愉快的姿态出现在敌对势力面前。宫廷宴会上，她并没有选择一味的沉默或者严肃相对，而是以充满活力和欢快的语气，与宴会上的各方势力谈笑风生。

　　这场看似轻描淡写的对话，实际上充满了策略和智慧。太平公主善于运用快乐的情绪，不仅消除了敌人的防备，还赢得了人心，为自己在政治上的成功打下了坚实的基础。

　　快乐的情绪就像是人际交往中的润滑剂，它比愤怒或冷漠更能轻易地拉近人与人之间的距离。人们往往对快乐没有抵抗力，因为它代表着轻松、积极和正能量。在日常生活中，如果我们能够用快乐的情绪去与人交流，往往能够打破初次见面的尴尬，让彼此感到更加舒适和自在。

比如，当你在聚会上遇到一个陌生人，如果你带着微笑，用开朗的语气和对方交谈，这种积极的态度很容易就能让对方放松下来，打开话匣子。就像那些在社交场合中游刃有余的人，他们面对复杂的人际网络，总是能够用乐观和幽默去化解紧张，让对话在轻松愉快的氛围中进行。

这种正面的情绪不仅能够让人感到愉快，还能让人在不知不觉中被你的情绪所影响，甚至开始尝试从你的角度看问题。当你用快乐去感染别人时，你传递的不仅仅是一种心情，更是一种积极的生活态度。

小周是公司新来的员工，性格有点内向，平时不太主动和同事搭话。虽然工作做得不错，但在团队里总显得有点孤单。最近，公司要办一场重要的客户交流会，小周被安排到了接待小组，要负责接待一位关键的客户。这让她既紧张又兴奋，因为这可能是她在公司露脸的好机会。

活动当天，小周早早地到了会场，把一切都准备得井井有条。客户张总，是个在行业里摸爬滚打多年的老手，总是一副严肃的表情，让人有点怕怕的。小周一见到他，就有点不知所措，说话也变得结结巴巴。

"张总，您好，我是小周，今天由我来接待您，有什么需要您尽管吩咐。"小周的声音里带着一丝颤抖。

张总只是微微点了点头，淡淡地说："好，先带我去会场看看吧。"

小周一边带着张总往会场走，一边想找点话题聊聊，但脑子里一片空白，气氛有点尴尬。就在这时，他们路过了一个种着花的小花园，小周看到张总的目光在一株开得正艳的花上停留了一下，脸上的表情似乎也柔和了一些。

"张总，这花叫'幸福树'，是不是挺漂亮的？我每次看到它，心情都会变得特别好。"小周笑着说，试图打破沉默。

张总看了看花，嘴角露出了一丝微笑："确实不错，我也挺喜欢这花的。"

小周见张总笑了，心里的紧张也减轻了不少。她继续说："听说这花是我们公司一个老员工种的，他说工作压力大的时候，看看这花，心情就能好很多。"

张总听了，笑了笑，语气也轻松了起来："你们公司还挺有人情味的，这故事挺有意思的。看来，保持好心情对工作确实很重要。"

小周感觉到张总的态度有所缓和，胆子也大了起来。她开始聊起了公司里的一些趣事，比如同事们怎么一起减压，办公室里的欢乐时光。张总听得挺有兴趣，脸上的笑容也越来越多。

到了会场，张总对小周的印象已经很不错了。整个活动进行得非常顺利，张总还主动和小周分享了自己的一些工作经历和趣事，气氛轻松愉快。

活动结束后，张总临走时拍了拍小周的肩膀，笑着说："小周，今天你做得很好，和你聊天很愉快，希望以后还能有机会多交流。"

小周心里一块石头落了地，笑着回应："谢谢张总，我也很期待再次和您交流。"

这次经历让小周意识到，原来用快乐的情绪去感染别人，不仅能让自己放松，也能让对方感到舒适和愉快。我们不妨在与人相处时，多用快乐的情绪去交流。这不仅能帮助我们更好地与人建立联系，还能让我们的生活变得更加愉快。

记住，快乐的情绪是会传染的，当你用它去影响别人时，你也会收获更多的快乐。

约会攻略

传递快乐的过程中，你也会从中感受到更多的正能量，这种良性循环会让你的人际关系更加和谐，生活也更加美好。

如何提升品位，
彰显独特价值

走进一间装饰典雅的房间，每一件摆设都透露出主人的独特品位，每一幅画作都讲述着一个动人的故事，每一本书都承载着深厚的智慧。这样的空间，不仅令人赏心悦目，更让人感受到一种独特的价值。

品位确实是一种个人魅力的体现，它源自一个人内在的修养和对生活的态度。一个人的品位不仅展现在他们的穿着打扮上，更深刻地反映在他们的生活方式、审美观念和对周围事物的选择上。品位是个人经历和价值观的自然流露，它不是简单地追求时尚和潮流，而是一种经过时间考验，逐渐形成的个人风格和独特的审美取向。

真正的品位是持久的，它不受外界流行趋势的影响，而是基于个人对美、对生活品质的深刻理解和追求。这种品位通常体现在细节上，比如一个人如何对待他人、如何安排自己的时间、如何欣赏艺术和自然等。它是一种生活的艺术，也是一种个人智慧的体现。

木子在公司里是个出了名的时尚达人。她总是穿着那些颜色鲜艳、设计大胆的衣服，总是能在人群中脱颖而出。她相信，只有与众不同的打扮，才能显示出自己的独特价值。然而，这种风格在公司里却引起了一些争议。

有一天，同事张琳找到木子，说要给她介绍一个男孩子。张琳说这个男孩很有才华，也很幽默，觉得他们俩应该很合得来。木子听了很兴奋，决定在约会时好好展现自己。

约会那天，木子特意打扮了一番，穿上了她最喜欢的那件设计感十足的连衣裙，戴上了一顶鲜艳的帽子，还有一双充满异域风情的长靴。她相信这样的装扮一定能够让对方印象深刻。

然而，约会并没有像木子想象的那样顺利。当她走进餐厅，男孩看到她的装扮，脸上的表情明显有些不自然。他勉强笑了笑，但语气中带着一丝讽刺："你这身打扮，是来参加时装秀的吗？"

木子感到有些尴尬，但她还是试图用幽默来化解这种尴尬："哈哈，我只是想让今天变得特别一点。"

男孩似乎并不买账，他继续说："我以为是来见一个普通女孩，没想到是个'艺术家'。"他的语气里充满了轻蔑，让木子感到非常不舒服。

木子试图换个话题："哦，对了，张琳说你很喜欢音乐，我最近也在听一些新的音乐，你有没有什么推荐的？"

男孩似乎对这个话题也不感兴趣，他冷淡地回答："嗯，我最近没怎么关注音乐。"

木子感到气氛越来越尴尬，她决定直接面对问题："嘿，我知道我今天的打扮可能让你有点意外，但我只是想表达自己的个性。你不喜欢吗？"

男孩耸了耸肩，回答说："我觉得约会还是应该穿得稍微正式一点，这样显得尊重对方。"

木子意识到，她的打扮可能真的让对方感到不舒服了。她深吸了一口气，说："我明白了，下次我会注意的。今天，我们还是尽量享受这个晚上吧。"

尽管木子试图挽救这次约会，但气氛已经变得有些尴尬。约会结束后，木子心情沉重地回到了家。她坐在镜子前，第一次开始怀疑自己的打扮是否真的合适。

生活中，有很多与大众审美不同步的人，但有人得到赞赏，有人却惹人非议，这归根结底是个人品位的问题。一个人的品位是通过内心的沉淀和对生活的独特见解来彰显的。当一个人真正开始理解自己、尊重自己，并以此为基础去表达自我时，便会散发出一种独特而持久的魅力。

当然，品位的提升不是一蹴而就的，它需要时间和耐心。在这个过程中，我们可能会犯错，可能会迷茫，但重要的是，我们要保持开放的心态，愿意接受新的事物，愿意不断尝试和改进。每一次尝试，都是对自我品位的一次提升。

很多人容易被外界的声音所左右，追逐着所谓的"流行"，却失去了自我。品位的提升，不在于追求别人的认可，而在于找到属于自己的独特风格。无论是选择一件衣服，还是布置一个房间，都应该反映出你内心深处的价值观与审美标准。

在提升品位的过程中，审美能力的培养至关重要。正如一个画家需要通过不断观察与练习来提升技艺，我们也需要通过不断接触和体验来提升自己的审美眼光。阅读经典文学、欣赏艺术作品、参与文化活动，这些都是提升审美的有效途径。

同时，提升品位最重要的是保持一颗对生活的尊重与热爱的心。当我们用心去体验生活中的每一个细节，把每一餐饭、每一次出行、每一件小事都当作一次提升自我品位的机会，我们的生活就会变得更加丰富且有意义。

约会攻略

提升品位，是一个长期的过程，它需要我们不断地学习、反思和实践。当你开始注重生活中的每一个细节，认真对待每一次选择，你的品位就会逐渐形成，彰显出你独特的价值。

智慧的女人不计较，
小糊涂才是大聪明

　　热播剧《柳舟记》中有这样一个小角色石雪霁，她是小妾生的女儿，从小在娘家受尽白眼，出嫁后，石雪霁的生活发生了翻天覆地的变化。

　　她不再是那个受尽白眼的小女儿，而是成为皇后，站在了权力的中心。在这个位置上，她的智慧得到了充分的发挥。她不计较宫中的是非和争斗，而是用一颗宽容的心去理解和包容。智慧的女人一直懂得，计较得失会将自己逼入窄巷，让人陷入无谓的纷争。

　　有些事情值得争取，但有些事情不必斤斤计较，老子说："知足不辱，知止不殆，可以长久。"知足者常乐，不为琐事所扰，才能在复杂的世界中保持内心的平和与安宁。

　　睿智的人不会执着于事事明了、事事精通。相反，他们懂得在适当的时候装作糊涂，以避免麻烦和冲突。这种糊涂，不是真正的糊涂，而是大智若愚，是一种深思熟虑后的选择。

李佳是一位能力出众的员工，她勤奋努力，总是希望自己能做到最好。这天，李佳为了一个项目的预算分配问题，与同事张丽相约到会议室面谈。两人还未说几句话，李佳就因为意见不合，开始质问张丽。

"张丽，这明明是我们的项目，为什么你要把那么多预算分给市场部？"李佳质问道，语气里充满了不满。

张丽冷静地回应："李佳，市场部需要这部分预算来做推广，否则我们的项目即使完成了，也得不到足够的曝光。"

"但那会影响到我们的开发进度！没有足够的预算，我们如何保证按时交付？"李佳不甘示弱，声音提高了几分。

张丽叹了口气，试图解释："这不是非此即彼的问题，我们可以通过调整其他资源来补足开发进度，而市场推广也同样重要……"

可是，李佳并不想听张丽的解释，她怒气冲冲地离开了。张丽叹了口气，没有再说什么。

李佳离开后，她找到了自己的好友小陈，向她倾诉不满："小陈，你看张丽，她就是想占便宜，把预算全都往她那边划！这样我们部门怎么完成任务？"

小陈沉默了一会儿，然后轻声说道："佳佳，其实你有没有想过，这些争执真的值得吗？你已经为这件事争了很久了，现在心情如何？"

李佳愣了一下，低头不语。

"你总是这样，为了蝇头小利争得面红耳赤，可结果是什么？你得到了什么？"小陈继续说，"我们都知道你是个有能力的人，但有时候，退一步反而会让事情变得更好。"

　　李佳终于明白了小陈的意思，她低声说道："你是说，我太过于计较了？"

　　"是的，"小陈点点头，"有时候，我们应该放下那些不值得的争执，把精力放在更重要的事情上。你这么努力，不应该让这些小事耗尽你的时间和心情。"

　　李佳沉思了片刻，最终长叹了一口气："你说得对，小陈。我一直以为自己在捍卫部门的利益，但其实我忽略了整体的大局。这样下去，真的没有意义。"

　　从那天起，李佳开始改变自己处理问题的方式。她学会了在关键时刻退让，而不是事事都要争个高下。慢慢地，她发现自己不仅更加轻松，工作效率也提高了。同事们也对她刮目相看，认为她变得更成熟、更有领导力了。

　　放下争执，才是真正的智慧。如《红楼梦》中的贾母，她看似糊涂，却能在关键时刻明察秋毫，这样的智慧使她在家族中游刃有余。

　　睿智的女人，她们明白生活不是一场无休止的战斗，而是需要策略和耐心的长跑。她们不会在琐碎的小事上耗费精力，而是懂得在适当的时候放手，让生活以更和谐的方式流动。她们深知，有些争执和计较，除了增加心灵的负担，别无益处。

　　正如古代智者老子所观察到的自然之道："上善若水，水善利万物而不争。"水以其柔和的特性，滋养着世间万物，却从不与任何事物争斗。它在坚硬的岩石面前选择绕行，在宽阔的河流中自由流动，展现出一种从容不迫的智慧。睿智的女人，就像水一样，面对生活的挑战，她们选择以柔和的力量去化解，而不是硬碰硬。

退一步海阔天空，在冲突面前，睿智的女人选择冷静和理性，而不是冲动和对抗。她们明白，真正的力量不在于声音的大小，而在于心灵的宽广。她们在生活的波澜中，以一种看似柔弱实则坚韧的姿态，展现出一种独特的魅力。

这样的女人从容而稳定，她们的生活态度是平和而坚定的。她们不会为了一时的得失而焦虑，也不会因为外界的评价而动摇。她们知道，真正的幸福和满足来自内心的平和与自我价值的实现。

约会攻略

不因小事而失去方向，不在无谓的争执中消耗自己。让我们像水一样，以柔克刚，以退为进，用智慧和宽容去拥抱生活，去创造一个更加和谐与美好的世界。

微信扫码

1. AI贴心闺蜜
2. 成长必修课
3. 情商进阶营
4. 幸福研讨室

Women's Dating Strategy

第五章

主动出击，掌握恋爱主动权

不等待，不犹豫，以积极姿态把握爱情方向。如此，方能在恋爱旅程中占据主导，书写属于自己的浪漫篇章。

遇到好男人一定要主动出击

还记得中学教室中那个给你传纸条的他吗？

还记得大学校园那个操场上令你着迷的他吗？

还记得那个恋爱多年却潦草分手的他吗？

……

或许，缘分真的是阴晴不定的。当以为缘分来了的时候，谁也不会想结局。许多人在面对感情时，因为各种各样的原因而选择被动等待，最终错失良机。

你是否听过一句听起来很嘲讽，仔细回味却满是遗憾的话语：谁的枕边人不是别人的心上人？真正值得珍惜的好男人并不多，遇到一个心仪的人，是一种幸运。人生中有太多的机会稍纵即逝，如果因为这样那样的原因而错过了，也许再也无法重来。

对于感情来说，主动不仅是对自己心意的尊重，更是对对方的一种积极肯定。好男人通常欣赏那种勇敢、真实、不掩饰自己情感的女人，这样的主动不仅能表达出自己的真诚，也能让对方感受到你对这段关系的重视。

在一个阳光明媚的春日午后，许怡独自漫步在市区的艺术街区。这里是她最喜欢的地方之一，充满了创意与活力。许怡是一个聪明、独立且对生活充满热情的女孩，但在感情世界里，她总显得有些谨慎和被动。然而，命运的安排往往出人意料，就在这个充满艺术气息的地方，她遇到了让她心动的人。

许怡站在一座古老的石桥上，欣赏着桥下缓缓流淌的河水，以及远处忙碌而有序的城市景象。这时，一个穿着休闲装的男人吸引了她的视线。他正在桥边专注地画着一幅风景画，阳光洒在他的身上，为他镀上了一层金色的光辉。

许怡被他的专注和才华所吸引，心跳不禁加速。

经过一番内心的挣扎，许怡决定抓住这次机会。她深吸一口气，走向那个男人，礼貌地开口："你好，我叫许怡，刚才看到你在这里画画，觉得特别有魅力。可以打扰一下吗？"

男人抬起头，眼中闪过一丝惊讶，随即换上了温和的笑容："当然可以，我叫林凡，很高兴认识你。"

许怡继续说道："我其实一直很喜欢艺术，也很欣赏那些能将美好瞬间定格下来的人。不知道你有没有兴趣一起喝杯咖啡，聊聊艺术和生活？"

林凡被许怡的真诚和勇气打动，欣然接受了邀请。

在一家充满艺术氛围的咖啡馆里，他们开始了深入的交流。从艺术谈到人生，从梦想聊到现实，许怡发现林凡不仅才华横溢，而且内心善良、充满智慧。而林凡也被许怡的独立、热情和对生活的热爱深深吸引。他们之间的对话仿佛是一场心灵的盛宴，让彼此都感受到了前所未有的愉悦和满足。

随着夜幕降临，他们的第一次约会也接近尾声。林凡提议："下次我们一起参加一个艺术展览怎么样？"许怡欣然同意，眼中闪烁着期待的光芒。在告别时，他们交换了联系方式，并约定了下次见面的时间。

这次经历让许怡深刻体会到，遇到自己心仪的人时，要主动出击，勇敢把握属于自己的幸福。她相信，只要勇敢迈出那一步，幸福就会在不远处等待着她。

很多时候，感情中的主动并不是一味地追逐，而是一种明智的行动。主动出击，并不是要把自己完全置于对方的脚下，而是要在合适的时机，以适度的方式表达自己的情感。比如，主动发起一次深度的对话，或者在他需要支持的时候给予关怀，这些细微的主动行为，往往比大张旗鼓地示爱更能触动对方的心。

遇到了好男人，一定要放下心中的疑虑与恐惧，勇敢地展现真实的自己。不要刻意迎合，也不要过于压抑自己内心的感受。真诚是打动人心的最佳武器，只有当你展示出真实的自己，对方才能感受到你的真心。

同时，适时地表达自己的好感与欣赏，让对方知道你对这段关系的重视。很多时候，一句真诚的赞美或一次温暖的关心，足以拉近两人之间的距离。

此外，在主动出击的过程中，切记不要忽视对方的回应。观察他的反应，适时调整自己的步伐。如果对方也表现出积极的回应，那么你们的关系将会自然发展，顺理成章。而如果对方表现出冷淡或无意，你也要学会及时止步，避免一味地追求反而失去自我。

约会攻略

遇到好男人时，主动出击不仅是一种对感情的积极态度，更是对自己幸福的一种负责。勇敢去追求你想要的，无论结果如何，至少你不会因为错过而后悔。在爱情途中，只有那些敢于行动的人，才能真正拥抱幸福。

如何向他发出
"心动信号"

爱情总是以它独有的方式在人们心中悄然生根,"有心栽花花不开,无心插柳柳成荫。"有时候,爱情的萌芽并不是精心策划的结果,而是在最不经意的瞬间自然发生。

如果你发现自己开始在意对方的一举一动,恭喜,你心动了!无论是他的一句随口而出的问候,还是一个不经意的眼神,都会让你心头一热,仿佛有某种不可言喻的情愫在涌动。你会下意识地关注他的行程,时不时地想知道他在做什么,和谁在一起。

如果你开始为对方做一些自己平时不会做的事,恭喜,你心动了!或许你会主动询问他的喜好,默默记下他喜欢的饮料或者他常去的餐馆。你会因为他的一句无心之言,特意去做些准备,期待下次见面时给他一个惊喜。

如果你发现自己在和他相处时,会不自觉地紧张起来,恭喜,你心动了！即使是平时很自如地谈话，在他面前，你也可能会开始斟酌自己的用词，担心说错话或者表现得不够好。

当让你心动的人在场时，你会变得更加注意自己的外表和言行，希望每一个细节都能让他对你有更好的印象。你的心已经被一种无法抗拒的吸引力所牵动，仿佛只要他在，你的世界就变得不再平静……

李昂是个程序员，最常去的就是楼下的咖啡馆，喝一杯"加班必备"美式咖啡。平日里他总是一副严肃的表情，穿着简单的 T 恤和牛仔裤，但他的眼神里总藏着一丝温柔。

对面书店的店员雨婷最喜欢的就是阅读，她总是梦想着能写出自己的小说。

一天下午，雨婷第一次走进了这家咖啡馆，她被这里的氛围所吸引。她找了个靠窗的座位，点了一杯拿铁，然后拿出了一本小说开始阅读。李昂坐在不远处，他注意到了这个新面孔，她安静的气质和专注的神情让他感到好奇。

雨婷并没有注意到李昂的目光，她完全沉浸在书的世界里。但当她偶尔抬头，看到李昂专注地敲打着键盘时，她心中突然涌起一种莫名的感觉。她的心跳加速，脸颊微微发热，她赶紧低下头，试图掩饰自己的慌乱。这就是心动的感觉，但她自己并未意识到。

随着时间的推移，雨婷成了咖啡馆的常客，她和李昂偶尔会在点单时聊上几句。他们的对话总是简短而礼貌，但每次交谈后，雨婷的心情都会变得很好。她开始期待每天的相遇，期待那几句简单的问候。

　　李昂也注意到了雨婷的变化，他觉得她的笑容很温暖，她的谈吐很迷人。但他是个内向的人，不擅长表达自己的情感，他害怕自己的表白会被拒绝，因此他选择了保持沉默。

　　有一天，雨婷在咖啡馆里写东西，她不自觉地写下了李昂的名字。她突然意识到自己对李昂的感情，但她害怕这段感情只是一厢情愿。她犹豫着，不知道该不该向李昂表白。

　　就在这时，李昂收到了一份外地的工作邀请，他决定去追求自己的职业梦想。在他离开的前一天，他来到咖啡馆，想和雨婷告别，但他看到雨婷正在写作，他不想打扰她，于是默默地离开了。

　　第二天，雨婷来到咖啡馆，发现李昂不在。她问老板，才知道李昂已经离开了。她心中涌起一股强烈的失落感，她意识到自己错过了向李昂表白的机会。

　　心动是一种美好的感觉，但如果没有勇气去追求，就会变成遗憾。如果雨婷下次再遇到心动的人，接收到自己心动的信号时，她一定会勇敢地表达自己的感情，不再让机会从指尖溜走。

　　向心仪的人发出心动的信号，其实并没有想象中那么复杂，关键在于自然且真诚地表达自己的情感。首先，你可以通过眼神传达你的情感，当你和他聊天时，带着微笑，稍微延长与他的眼神接触的时间。其次，言语中的微妙表达也是重要的一环，你可以赞美他的某些特质，比如他处理问题的方式，或者他幽默的谈吐。

　　在言语交流中，适度的关心与问候也是传达心动信号的有效方式，肢体语言也是不可忽视的一部分。在与你心仪的人互动时，适度的肢体接触可以增强你们之间的亲密感。比如，轻轻地拍一下他的肩膀，或者在聊天时靠近他一些，都会让他感受到你无形中的靠近。当然，肢体语言要自然，不要刻意过度，否则可能会适得其反。

最重要的是，做真实的自己，不要为了吸引对方而刻意改变自己的行为或性格。自信地展示你的独特之处，无论是你独特的幽默感，还是你对某些话题的见解，都可以成为吸引他的闪光点。

毕竟，吸引一个人的关键在于让他看到你最真实、最迷人的一面。

约会攻略

心动信号的传递是一个逐步的过程，不必急于求成。通过日常的互动与相处，自然而然地表达出你的情感，这不仅让对方更容易接受，也会让彼此之间的关系发展得更加稳固和真诚。

怎么策划一场浪漫的 "邂逅"

　　莎士比亚曾说："命运如同一只翻云覆雨的手，控制着我们的生活。"在许多文学作品和电影中，浪漫的邂逅总是显得那么自然，好像命运早已安排好两个人在某个特定的时刻、特定的地点相遇。

　　但是，在现实生活中，浪漫并不总是那么轻易就能发生。我们也并非只能被动地等待命运的安排，事实上，我们可以主动策划一场浪漫的"邂逅"，为生活增添一些美好的回忆。

　　策划一场浪漫的邂逅并不是要假装或者欺骗，而是通过精心准备和用心设计，让彼此都能感受到一种特殊的氛围。这种氛围，能够让你们在瞬间产生共鸣，仿佛这一切都是命中注定。浪漫的邂逅，是两个心灵之间的默契，是让人们在喧嚣的世界中找到宁静和美好的瞬间。

　　苏晓第一次注意到程宇是在一次校内讲座上，他的自信和才华让她心动，但她不知道如何接近这个耀眼的男孩。

回到宿舍后，苏晓把这份心动藏在心里，但她越来越想接近程宇。她决定制造一次"偶遇"，希望能和程宇拉近关系。苏晓知道程宇每天都会去图书馆自习，因此她也成了图书馆的常客，希望能偶然遇到他。

一天下午，苏晓特意选了个靠窗的座位，手里拿着一本《了不起的盖茨比》，假装看得津津有味。她知道程宇通常会在这个时间来图书馆，心里既紧张又期待。不久，程宇真的出现了，手里拿着几本物理书，专注地走着。苏晓鼓起勇气，决定打破沉默。

"嘿，程宇，你也来这儿自习啊？"苏晓尽量让自己的声音听起来轻松自然。

程宇抬头，看到是苏晓，露出了一个灿烂的笑容，"对啊，这里挺安静的，适合学习。你呢？"

"我……我也是，想找点写作灵感。"苏晓回答，尽管心里像小鹿乱撞，但她还是努力保持镇定。

就这样，他们开始了第一次真正的对话。程宇对文学虽然不算精通，但他对苏晓提到的书很感兴趣。苏晓也发现程宇不仅聪明，而且见识广博。那天的谈话让他们都感到愉快，之后他们在图书馆的"偶遇"变得越来越频繁。

随着时间的推移，程宇开始主动邀请苏晓一起吃饭、一起学习，甚至邀请她参加社团活动。苏晓感觉到两人之间的关系在慢慢升温，她心里的秘密也变得越来越甜蜜。

转眼间，大学四年过去了，苏晓和程宇在毕业前正式确定了恋爱关系。程宇一直认为他们的爱情是命中注定，他不知道这一切都是苏晓精心策划的结果。直到多年后，在他们庆祝结婚纪念日的晚上，苏晓才向程宇坦白了真相。

"你还记得我们在图书馆的第一次'偶遇'吗？"苏晓笑着问，眼神中带着一丝调皮。

"当然记得，那天你在看《了不起的盖茨比》。"程宇回答，眼神温柔。

苏晓轻轻地笑了，"其实，那都是我故意的。我早就注意到你了，总是在图书馆等你，就是为了能和你搭上话。"

程宇听后，惊讶了一下，然后哈哈大笑起来，"原来如此！我还以为我们真的很有缘呢。不过，谢谢你的'策划'，让我找到了你。"

苏晓也笑了，心里暖暖的。虽然他们的爱情始于一场精心设计的"邂逅"，但真正让他们走到一起的，是彼此真诚的感情。这段甜蜜的秘密，成为他们共同回忆中最宝贵的一部分。

现代女孩就要像苏晓那样，遇到爱情时主动出击，策划一场浪漫的"邂逅"，就像是在写一部短篇小说，情节要自然流畅，又要有足够的吸引力。

首先，你需要像侦探一样观察和了解对方，留意他的日常习惯和喜好，这样才能找到一个合适的场景和时机。比如，如果你知道对方喜欢在某个咖啡馆里度过悠闲的下午，那么那里就是一个完美的"邂逅"地点。

接下来，你需要准备一个自然的开场白，这不需要太复杂，简单而真诚的问候往往最有效。你可以用一个共同的兴趣点作为话题的开端，比如一本书、一部电影或者一首音乐，这样的话题既能展现你的品位，也能引起对方的共鸣。

在"邂逅"的过程中，你的举止和仪表同样重要。确保你的外表整洁、得体，这不仅展现了你对他的尊重，也表现了你的自信。在对话中，保持微笑和眼神交流，这能让对方感受到你的友好和诚意。

幽默感是一个加分项，适当的玩笑可以缓解初次见面的尴尬，让气氛更加轻松愉快。但记住，幽默要恰到好处，不要过于尖刻或冒犯。

在交流的过程中，倾听同样重要。展现出你对对方话题的兴趣，通过提问和回应来展现你的关心和理解。这种深度的交流往往比表面的聊天更能打动人心。

最后，不要忘了在"邂逅"的结尾留下一些悬念，为未来的相遇埋下伏笔。你可以提到一个即将举办的活动或者一个你们都感兴趣的话题，这样不仅能为这次"邂逅"画上完美的句号，也能为下一次的相遇创造机会。

约会攻略

策划一场浪漫的"邂逅"需要时间和心思，但更重要的是要展现出你对对方的真诚与用心。当你用心去策划，让邂逅成为一种自然的延续，而不是刻意安排的结果时，你们之间的情感会在不经意间加深。

身体语言的独特魅力

她的微笑，不是那种刻意的摆拍，而是一种从内心深处溢出的温暖，它能够照亮她的脸庞，甚至她周围的空气；

她的眼神清澈而有力量，仿佛能够洞察人心，让人在她的目光下不自觉地放下防备；

她的存在，就像是一首温柔的诗，一幅生动的画，让人在不经意间就能感受到她的魅力。

古人云："听其言，观其行。"语言是最直接的沟通工具，但身体语言能传递更深刻的信息，这种无声的交流方式，蕴藏着独特的魅力，它能补充、强化，甚至替代言语表达，使沟通更加丰富和真实。

一个人的姿态、眼神、面部表情，甚至是细微的动作，都在无声地传达着他的情感和态度。比如，当一个人说话时目光游移不定，手指不停地敲打桌面，这些细节可能透露出他的紧张和不安，即使他口中表现得自信满满。

心理学家阿尔伯特·梅拉比安的研究显示，在面对面沟通中，非语言行为（如面部表情、肢体动作）对传达情绪和态度的影响力远超语言本身。身体语言的魅力在于它的真诚和直接，一个人或许可以通过言辞来掩饰内心的真实情感，但他的身体往往会不自觉地透露出真相。

理解和运用身体语言的魅力，可以帮助我们更好地与他人建立深层次的联系。当你想要更好地理解对方的真实意图时，不妨多关注对方的身体语言，而不仅仅是听他说了什么。

诗雅坐在窗边，手中紧紧握着一杯卡布奇诺。她的对面，浩杰更是紧张。这是他们的第一次约会，诗雅对浩杰的印象还不错，但他似乎有点不知所措。

浩杰试图找话题，但总是说不到点子上。诗雅注意到了这一点，她微笑着说："这家咖啡馆的咖啡很不错，你不觉得吗？"她试图缓解浩杰的紧张情绪。

浩杰点了点头，然后说："是的，真的很好喝。我之前没来过这里，没想到这么有情调。"

诗雅轻轻笑了笑，她的眼神中透露出一丝鼓励："我经常来这里，每次坐在这个位置，都感觉有很多写作的灵感。"

随着对话的深入，诗雅发现，浩杰的身体微微向前倾，这是一种表示兴趣和投入的姿态。当诗雅说话时，他的眼睛会紧紧地注视着她，这是一种积极的非语言信号，表明他真的很在乎她说的话。诗雅感到了一种微妙的联系正在两人之间建立。

然而，当浩杰开始谈论自己的工作时，他不自觉地将手放在了脖子上，这是一个经典的防御性动作，表明他可能对自己的工作有些不满或者压力。诗雅注意到了这一点，她巧妙地转换了话题，开始询问浩杰的兴趣爱好，试图让他放松下来。

随着时间的推移，浩杰的身体语言变得越来越放松，他的手势变得更加自然，笑容也更加频繁。诗雅意识到，通过观察和理解对方的身体语言，她能够更好地引导对话，让对方感到舒适和自在。

约会结束时，浩杰感激地对诗雅说："谢谢你，今晚我过得很开心。"

诗雅回应道："我也是，期待下次再见。"

诗雅是个聪明的女孩，与浩杰交谈时，她一直在观察，通过身体语言的微妙交流拉近两人的关系。这正是身体语言独特魅力的体现，它能够在无形中拉近人与人之间的距离，让交流更加真诚和深刻。

身体语言是一种强大的沟通工具，它能够在不发一言的情况下传达出丰富的信息。我们若能巧妙地运用身体语言，便能在约会时展现自己的魅力，吸引对方的注意，甚至在不经意间赢得对方的心。

首先，保持一个开放的姿态。这意味着不要交叉双臂，因为这可能给人一种封闭或防御的印象。相反，我们应该让手臂自然地放在身体两侧，或者轻轻地放在桌上，表明对对方持接受和友好的态度。

眼神交流是另一种强大的身体语言。我们应该用温柔而自信的目光与对方交流，适时的眼神接触能够传递出兴趣和信任的信号。但记住，过度盯着对方可能会让人感到不舒服，因此，适时地移开视线，然后再自然地回来，可以营造出一种轻松而自然的氛围。

微笑是展现魅力的另一个重要方面。一个真诚的微笑能够照亮整个面部，传递出温暖和积极的情绪。我们应该练习在约会时自然地微笑，这不仅能够让自己看起来更加亲切，也能够让对方感到放松和愉悦。

此外，我们可以通过肢体动作来表达自己的兴趣。比如，轻轻地倾斜头部，这是一种表示同情和理解的姿势。或者，当对方说了一些有趣的事情时，轻轻地触碰自己的嘴唇能够显示出你的惊讶和欣赏。

在约会的过程中，我们还应该注意自己的姿势。保持良好的姿势不仅能够展现出自信，也能够让你看起来更加优雅和有吸引力。坐直身体，肩膀放松，这些小细节都能够在无形中增加你的魅力。

最后，我们应该意识到，身体语言不是单向的。在约会时，不仅要通过自己的身体语言来表达自己，也要留意对方的反应。如果对方的身体语言是积极的，比如身体前倾、微笑、眼神交流，那么这些都是继续互动的好信号。反之，如果对方显得紧张或不舒服，我们可以通过调整自己的行为来帮助对方放松。

总之，身体语言是一种无声却有力的交流方式，它能够超越言辞，直达人心。因此，我们可以通过修炼自己的身体语言，更加有效地表达内心的真实想法。

约会攻略

通过身体语言的微妙交流，两人的关系在无形中拉近了。这正是身体语言独特魅力的体现，它能够在不经意间拉近人与人之间的距离，让交流变得更加真诚和深刻。

进退有度，
亲昵中留点距离

　　无论是朋友、恋人，还是同事之间，进退有度是维持健康关系的关键。"若即若离"这四个字道尽了恋爱男女双方微妙的关系，过于亲近可能会让人感到压迫，距离过远又容易疏离。

　　人与人之间的关系，就像手中的风筝线。若是拽得太紧，风筝无法飞得高远；若是松得太多，风筝又会失去方向，随风飘远。亲近之中保留一点距离，既能保持关系的温度，又能让彼此有喘息和思考的空间。

　　就像两棵并肩而立的树木，虽然根系交织，但依然保持独立的生长空间，各自迎接阳光和雨露。距离的存在，不是疏远，而是一种保护，一种为了更长久相伴的智慧。

　　进退有度不仅仅是物理上的距离，更是一种心理上的分寸感。太过亲密的人际关系，往往容易失去彼此的边界感，导致矛盾和冲突的产生。

　　我们常见到，情侣之间过于频繁地接触和交流，反而容易产生摩擦，甚至造成感情的破裂。这并不是因为感情不深，而是因为失去了距离的平衡，使得彼此的缺点被无限放大，失去了包容和理解的余地。

林薇在一次朋友聚会上遇到了李昊，两人聊得投机，交换了联系方式，决定周末一起吃饭。

约会那天，林薇提前到了餐厅，心情既兴奋又紧张。李昊准时出现，带着一脸的笑容，他们开始聊起了最近的电影和音乐。李昊的笑话让林薇忍不住笑出声，她轻轻拍了拍李昊的肩膀，说："你太逗了，真的！"

李昊的笑容僵了一下，他没想到林薇会这么直接。对他来说，这个动作有点过于亲昵，毕竟这是他们第一次正式约会。他没说什么，但心里有点不舒服。林薇没注意到李昊的变化，继续开心地聊着。

饭后，两人在餐厅门口告别。林薇笑着说："今天很开心，下次再一起出来玩吧。"李昊勉强笑了笑，说："嗯，再说吧。"

林薇没多想，以为李昊也和她一样，期待着下一次的约会。但李昊的想法却不同，他回家后在社交媒体上暗示遇到了一个"不太规矩"的女孩，甚至和朋友私下说林薇第一次见面就动手动脚，太轻浮了。

这些话很快传开了，林薇开始感觉到周围人对她的态度变了。她很困惑，直到一个朋友告诉她李昊在背后说的话，她才意识到问题的严重性。

林薇感到震惊和委屈，她从未想过一个友好的拍肩会被误解为轻浮。她试图联系李昊解释，但李昊避而不见，甚至拉黑了她。

这件事给林薇上了一课，她意识到在约会时，即使是小小的身体语言也会影响别人的看法。比如，在与李昊约会时，她不应过早做出拍肩这种显得亲密的动作，而是应当把控好双方的身体距离。如果当时她能及时察觉李昊的不适并解释自己的行为，或许误会就不会发生。

这次经历虽然不愉快，但也让林薇成长了许多。她知道，在与人交往时，进退有度，亲昵中留点距离，是维护良好关系的关键。而真正的了解和信任，需要时间和真诚地沟通来建立。

在亲密关系中留点距离，实际上是为彼此保留了一份尊重，尊重对方的隐私，尊重对方的生活节奏，也尊重对方的情感需求。这样的距离感，能让关系保持在一个健康的状态，让彼此在亲密中依然保有独立的空间和自由。

这种尊重，既是对对方的理解，也是对自己的保护。只有在进退有度中，才能真正享受到关系带来的温暖，而不至于被亲密关系中的纠缠所累。

要做到进退有度，首先需要的是自我觉察，当你感受到对方有些许不自在或疲惫时，这或许是一个信号，提醒你适当地放慢脚步，给对方留一些空间和时间去消化。另一方面，也要学会观察自己的感受，如果你在关系中感到压力过大或过于依赖，那可能也是时候为自己设立一些界限，保持适当的距离。

沟通是维持适度距离的关键，在亲密关系中，不要怕表达自己的需求。可以用温和的方式告诉对方，自己需要一些独处的时间，或者想做些自己感兴趣的事情。同时，要学会尊重对方的空间，当对方需要独处时，给予他们充分的理解和支持，不要因为一时的焦虑或不安，过分依赖对方的陪伴。

亲昵中留点距离，是一种生活智慧，也是一种成熟的表现。它让我们在与人相处时保持理智和清醒，不会因一时的热情而迷失自己，也不会因一时的疏远而感到孤独。

约会攻略

懂得进退有度，在亲昵中保有适当的距离，是我们在人际关系中不断学习和磨砺的课题，也是通往和谐幸福生活的一条智慧之路。

把话说到对方心里去，
才能让他心甘情愿为你付出

话语就像是棋子，每一步都能影响整局的走向，要想赢得对方的心，就要将棋子下对位置，把棋局下到对方的心坎里。一个懂得说话技巧的人，最基本的技巧就是投其所好，把话说到人家心坎里，听起来似乎简单，实则深藏着智慧。

这并不是要刻意讨好或奉承，而是要真诚地去了解对方，找到那些能够引起共鸣的话题。如果你的话语无法触动对方的内心，那么无论你说得多么天花乱坠，也不过是徒劳无功，甚至可能适得其反。

让对方感兴趣的话，就像是打开对方心门的钥匙。有时候，一个恰当的话题切入点，比你滔滔不绝地讲述一个小时的大道理要有效得多。对话的美妙之处，在于双方的共同兴趣和参与感。如果对方对你的谈话毫无兴趣，那么即使你说的是宇宙的终极真理，也难以引起对方的注意。

因此，要想让对方心甘情愿地为你付出，首先要学会倾听，了解对方的需求和兴趣。然后，用恰当的话语去回应，去建立连接。这样的交流，不仅仅是信息的交换，更是心灵的触碰。当你的话语能够引起对方的共鸣时，你就已经在对方心中种下了信任和好感的种子。

聊天不是单方面的灌输，而是双向的交流，发现对方的兴趣所在，用高超的表达能力，去传达我们的想法和感受，把话说到对方心里去。这是一种能力，也是一种魅力，当你掌握了这种能力，你就会发现，人们不仅愿意听你说话，更愿意为你付出。

晓月和男友陈宇相约周末一起去两人的"小家"看电影。"小家"是两人的秘密基地，是两人当初一起改造的一个废弃仓库。

起初，他们依偎在沙发上，氛围温馨。可是，看着陈宇将吃完零食剩下的包装袋随手扔在地上，晓月心里像堵了块石头。她总是独自清洗碗筷和收拾垃圾，作为男友的陈宇却很少主动做这些。

晓月想让陈宇以后能主动做清洁，但她心里明白，强硬的要求只会让陈宇产生抵触情绪。她深吸一口气，温柔地开口："亲爱的，你还记得我们上次去的那家咖啡馆吗？店里布置得那么雅致，音乐轻柔，我们在那样整洁舒适的环境里，感觉心都更近了。其实，只要我们稍微用心，我们的'小家'也可以像那家咖啡馆一样。"

陈宇微微一愣，似乎没料到晓月会突然说起这个。他有些不好意思地挠挠头，想要伸手去捡零食袋，晓月却轻轻按住他的手，继续说道："亲爱的，我知道你工作很辛苦，每次看到你疲惫的样子，我都好心疼。就像你在外面为了我们的未来努力拼搏，我也想为你打造一个温暖的港湾。我最近工作很忙，没时间收拾，这里才乱了些，我多希望我们能一起把它变回原来的温馨模样。"

晓月的眼神里满是真诚与期待："你那么聪明，在工作中攻克了一个又一个难题。我相信这些小事，对你来说根本不在话下。我们一起打扫，说不定能在这过程中发现不一样的乐趣呢。"

陈宇听着晓月的话，心中泛起涟漪。他想起两人一起为了布置这个"小家"，开心地挑选家具的情景。他开始认真地收拾起散落在地上的杂物。晓月微笑着递上垃圾桶，不忘夸赞："亲爱的，你的行动力真强！"

受到晓月的鼓舞，陈宇干劲更足了。他主动拿起扫帚开始扫地，晓月也拿起抹布，擦拭着家具。两人一边忙碌，一边分享最近的趣事，"小家"里回荡着他们的欢声笑语。

不要强制要求，而是用真诚和关心去沟通。当你能够把话说到对方心里，对方自然就会愿意为你而作出改变。

与人相处也是这样，只有当你将话送入对方的耳朵，入了对方的心，他才会被你打动，心甘情愿地为你付出。那么，我们如何将话说进对方的心里呢？

洞察力如同一把钥匙，能够开启与他人心灵沟通的大门。我们的日常生活处处留下了个人偏好和生活方式的线索，这些细微的痕迹，只要细心观察，就能发现。家中的摆设、衣着的风格，甚至日常的谈吐，都是了解一个人的线索。

然而，观察只是第一步，知识的积累同样重要。了解对方的喜好是基础，但若无法深入话题，就难以持续吸引对方的关注。我们的时间宝贵，不可能对每个领域都了如指掌，因此，关键在于掌握一些普遍的和时下流行的知识。

男人可能对体育、汽车、科技等领域感兴趣，而女人可能更偏爱时尚、美食、文学等话题。对于这些，我们不必成为专家，但至少要有所了解。同时，关注时事热点，也是与他人交流的重要素材。

找到对方感兴趣的话题，是缩短心灵距离的有效手段，也是建立信任的快捷方式。如果对方是你希望长期交往的人，不妨在交谈后，花些时间深入了解对方感兴趣的领域，这不仅能拉近你们的关系，还能让你在下一次交流中更加游刃有余。

约会攻略

能让对方心甘情愿为你付出的语言，不在于其表面的华丽，而在于其内在的真诚与共鸣。通过倾听、理解对方的需求，并用简洁而有力的语言表达你的关切与支持。你的话语将不仅仅是言语，更是一种力量，一种能够触动心灵、激发行动的力量。

男人喜欢带什么样的女人出门

在电视剧《我的前半生》中，女主角罗子君的形象从一个不谙世事的家庭主妇，转变为一个独立、自信的职场女性。她的转变不仅让她重新找回了自我，也让周围的人对她刮目相看。这种由内而外的改变，让我们思考：男人究竟喜欢带什么样的女人出门？

是光鲜亮丽、气质在线、人见人爱、风采迷人的全职太太？还是气质在线，但没有女人味，甚至处处压你一头的职场精英？

其实，这个问题的答案并不复杂，重要的区别点在于"气质"。很多人会认为，男人喜欢带外表光鲜亮丽的女人出门，因为这样的女人能提升他的自尊，让他在别人面前倍感有面子。然而，真正有内涵的男人，更倾向于带不仅外表得体，更重要的是拥有独立思想、丰富内在和自信气质的女人出门。

刘强是个事业有成的年轻企业家，他长相帅气，举止稳重，总是能吸引不少异性的目光。刘强参加了各种各样的社交场合，每每看到别人身边气质非凡的伴侣时，他都很羡慕。所以，他在选择女朋友的事情上，前提条件一定是漂亮。

他的朋友们常开玩笑说他太挑剔，但刘强觉得，漂亮女人才能够在外面给他挣足面子。

有一次，刘强参加了一个商业晚宴。这种场合，很多人都带着伴侣，这不仅是商务交流，更是展示个人品位的机会。刘强一个人走进会场，心里盘算着如何结识漂亮女孩儿。

就在这时，他注意到了一个穿着简约礼服的女人。她并不漂亮，也不张扬，但举止间自然流露出一种优雅。她的礼服简单大方，妆容清新自然，给人一种温柔而有力的感觉。

最初，刘强只是看了看，心想：气质挺好，但就是不够漂亮，估计带出去没有面子。但是，整个晚宴上，刘强总是不自觉地观察着那个女人。

他发现，她和周围的人交谈时表现得既得体又有分寸，她的言谈透露出智慧，无论是商务话题还是日常琐事，她都能应付自如。她的笑容真诚亲切，但又不失距离，让人感到舒适而不过分亲近。

很快，刘强炽热的目光被朋友捕捉到，朋友笑着说："怎么？被勾了魂吧？我就说你见的那些网红脸不咋地吧？她叫林菲，是个策划总监，微信推给你！"

林菲的职业让她在各种场合都能游刃有余，无论是面对客户的需求还是团队的困难，她总能找到解决方案。虽然她并不算美貌，但她的从容自若的确很吸引人。

晚宴快结束时，刘强走过去和林菲搭话。"你好，我是刘强，看你今晚谈笑风生，真是让人印象深刻。"他微笑着说。

林菲回以微笑："谢谢，我也是。你是怎么做到在这种场合还能保持这么冷静的？"

他们聊了起来，从晚宴的节目到各自的工作，再到兴趣爱好。林菲的谈吐让刘强感到新鲜，她既有女性的温柔，又有独立的性格和智慧。她不迎合，却总能在适当的时候展现自己的魅力。

之后的日子里，刘强经常邀请林菲参加各种活动。无论是商务会议还是朋友聚会，林菲都能轻松融入，既能和他的朋友相处融洽，又能在他需要时给予支持。她的出现让刘强感到安心，她不是依赖他，而是与他并肩作战。

最终，刘强明白了，他想要的女人，不仅是外表漂亮，更重要的是能在精神上与他共鸣，能在各种场合自如应对的伴侣。这样的女人，不仅让他在人前感到骄傲，更能在他需要时成为他的坚强后盾。

男人喜欢带什么样的女人出门，这个问题或许因人而异，但大多数男人可能都渴望一个能在不同场合展现自信、优雅和智慧的伴侣。

外在的美丽当然是加分项，但这并不是全部。一个男人希望他的伴侣能够在人群中脱颖而出，不仅仅是因为她的外表，还因为她举手投足间的从容与得体。

谈吐得体、富有智慧的女人更容易赢得男人的尊重与欣赏。男人喜欢带出门的女人，往往是能够与他在精神层面上有共鸣的伴侣。

这样的女人懂得在合适的时机表达自己的观点，又懂得在必要时倾听他人的声音。无论是商务宴会还是朋友聚会，她都能从容应对，既不咄咄逼人，也不卑微退缩。

此外，男人希望他的伴侣能够尊重他，同时也尊重她自己。她不会为了取悦别人而失去自我，她有自己的主见和底线。这样的女人，给男人带来的不仅仅是社交上的面子，更是心灵上的安定。

当然，有些男人也喜欢那种能够保持适度神秘感的女人。她不急于把自己的一切都展现出来，而是通过逐渐相处，让男人不断发现她的魅力。

约会攻略

男人喜欢带什么样的女人出门？容貌美丽可能是外在的吸引力，但真正长久的吸引，是来自女人内心的自信、独立和修养。你要通过不断提升自己，成为一个有内涵、有深度的女人。

第一次就算再喜欢，
也别答应他

你相信一见钟情吗？

遇到一个心动的人，就开始幻想能与他厮守一生将是多么幸福的事。那种初次相见时的心跳加速，很容易让人沉醉于幻想，仿佛对方就是自己一直在寻找的灵魂伴侣。

但是，爱情谁又能说得准呢？最初的激情往往是最易碎的。第一次的相遇，可能只是一段浪漫的序曲，我们却不能让它成为一个草率的承诺。

有人说，一见钟情是最纯粹的喜欢，但这种纯粹往往伴随着未知的风险。当我们第一次遇见某人时，我们的感受往往被外表的吸引所主导，而非基于深刻的了解和共鸣。

喜欢可以是刹那间的火花，但真正的情感却需要时间去培养。就像培育一株植物，我们不能在它刚刚发芽时，就急切地期待它开花结果。

每一段情感都需要经历时间的考验，只有经过岁月的沉淀，它才能长成粗壮的大树。

不要让初次的心动蒙蔽了理智。初次的悸动虽然珍贵，但它并不代表一切。心动的感觉并不等同于深刻的了解，更不意味着彼此的契合。

这个世界上，可能会有很多人在第一次见面时就给你留下好印象，但真正能够与你携手走过一生的，却需要经历更多的磨合和考验。仓促的决定可能会让你陷入一段不稳定的关系，甚至让你对爱情失去信心。

林晓雅从来没想过，自己会在第一次见面时，就对一个男孩产生如此强烈的情感。

那天，在咖啡馆的角落里，她遇到了李晨。他的笑容像冬日的暖阳，温暖而不刺眼，让人不由自主地想靠近。

两人聊得很投机，从电影到书籍，再到对未来的憧憬，似乎有说不完的话。几次短暂的相处后，李晨提出要与她交往，林晓雅虽然有些犹豫，但心中的悸动让她答应了他的请求。她告诉自己，这可能就是命中注定的缘分吧。

很快，林晓雅便搬进了李晨的公寓。他们每天都在一起，难舍难分，仿佛对方就是自己生活的全部。

然而，在热烈的感情背后，林晓雅渐渐发现，李晨并不像她最初认为的那样完美。李晨有时会表现出一些控制欲，他不喜欢她与其他朋友来往，也不喜欢她在外面待太久。虽然这些行为让她感到不安，但她总是安慰自己，这不过是李晨太在乎她罢了。

几个月后，林晓雅发现自己怀孕了。这本该是一件幸福的事，但李晨的反应却让她大吃一惊。李晨没有表现出她预期的喜悦，反而变得更加冷漠，控制欲也更强。他开始要求她辞掉工作，专心在家养胎，还暗示她尽快和他结婚。

更糟糕的是，李晨的家人也介入了他们的生活。他的父母提出了很多苛刻的要求，比如让林晓雅放弃自己的一部分财产，并且要签订一份对他们有利的婚前协议。他们甚至暗示，如果林晓雅不答应，他们会让她无法见到孩子。

林晓雅陷入了极大的困惑和痛苦中。她意识到，自己当初的冲动决定让她陷入了一个难以摆脱的困境。她曾以为，和李晨的相遇是命中注定，但现在看来，这更像是一场命运的考验。

最终，林晓雅决定离开李晨。在朋友的帮助下，她离开了那个让她窒息的公寓，开始了新的生活。

第一次相遇时，即使再喜欢，也不能轻易答应。感情需要时间的沉淀和理性的思考，只有在真正了解对方后，才能作出正确的选择。林晓雅没有让这段经历成为她生命中的阴影，而是把它当作一次成长的机会。她学会了更加珍惜自己，也更加谨慎地对待未来的感情。

那么，面对初次的心动，我们应该如何做呢？首先，保持冷静，给自己一些时间去观察和了解对方。你可以和对方保持联系，通过共同参与活动来增进了解，而不是急于投入全部的感情。在这个过程中，你会逐渐看到对方的真实面貌，也会更清楚自己对这段关系的期望。其次，学会倾听自己内心的声音。问问自己，这份喜欢是否能够经得起时间的考验，是否只是一时的冲动。

同时，设立一些个人的边界也很重要。不要因为喜欢一个人就放弃了自己的原则和理智。学会在感情中坚持自己的底线，让对方知道你既重视自己，也珍惜这段关系。

记住，爱情是建立在尊重和理解之上的，而不是一时冲动和盲目追求。

约会攻略

> 一时冲动和盲目追求可能会带来短暂的激情，但从长远来看，缺乏尊重和理解的关系往往难以持久，爱情需要时间和努力来培养，它不仅仅是一种感觉，更是一种行动和承诺。

微信扫码
1 AI贴心闺蜜
2 成长必修课
3 情商进阶营
4 幸福研讨室

Women's Dating Strategy

第六章

进阶攻略: 女人也能做"约会大师"

洞悉男性心理，巧妙安排约会细节，让每一次相聚都充满惊喜与浪漫。如此，不仅提升自我魅力，更能在恋爱中游刃有余，成就美满情缘。

他的"文化背景"
决定你的"追爱方式"

无论是"凤凰男",还是"普信男",在姐妹这里都是"下头男"。

想当年,人们很看重门第,觉得门当户对的婚姻才是最美满的。虽然这个观点有太多的绝对性,但其实,两个人的文化背景与幸福感绝对有很大关系。

每个人都是自己故事的主角,而这个故事的剧本往往由个人的性格、价值观和成长环境共同编写。在这些因素中,文化背景扮演着一个不可忽视的角色。它不仅为我们的世界观和生活方式着色,更在情感的交流和爱的表达上留下深刻的烙印。

两个来自不同文化背景的人相遇,他们的交流就像是两种不同语言的对话,需要耐心和智慧去翻译和理解。一个人的文化背景,决定了他如何说"我爱你",如何通过行动表达关怀,以及如何在关系中寻求和谐。这些细节,虽然微妙,却是情感交流中不可或缺的部分。

当你决定走进一个人的情感世界时，了解他的文化背景就像是拿到了一把打开心扉的钥匙。这不仅仅是为了追求成功，更是为了建立起一种基于理解和尊重的关系。在这种关系中，两个人可以超越文化的差异，找到共同的情感语言。

刘颖从小深受东方文化的熏陶，家庭观念对她而言至关重要。在她的成长过程中，父母常常教导她，爱情不仅仅是两个人的事情，更是两个家庭之间的联系和融合。因此，刘颖在选择伴侣时，始终坚信对方的家庭背景、父母的意见以及彼此家族的和谐是维系一段长久感情的基础。

在留学期间，刘颖遇到了马克，一个来自西方文化背景的男孩。马克热情、自由，充满了冒险精神，这一切都深深吸引着刘颖。两人很快陷入了热恋，但在这段感情的背后，文化差异却逐渐浮现。

随着感情的深入，刘颖开始谈论两人的未来。她希望能够尽快见到马克的父母，并希望马克也能多了解她的家庭，毕竟在她看来，得到家人的认可是感情稳定发展的关键。

然而，马克却对此表现得有些犹豫。他认为爱情是两个人的事情，带上家庭的意见和期望反而会让感情变得复杂。他更希望两人的关系能够保有一定的独立性，不受外界太多的干扰。

一次，刘颖提议周末去见马克的父母，她精心准备了礼物，还挑选了一套得体的服装。她满怀期待地认为，这次见面会让两人的感情更进一步。

可是，当她将这一提议告诉马克时，马克却显得有些不以为然。"我们才刚在一起几个月，见家长是不是有点早？而且，我的父母可能不会喜欢太正式的见面，他们更喜欢自然一些的互动。"

刘颖听后，心里有些失落。她不理解马克的想法，为什么他不愿意尽快让她融入他的家庭？是不是他对这段感情还不够认真？这些疑虑让她开始对两人的未来感到不安。

另一方面，马克也在思考。他喜欢刘颖的温柔和体贴，但他不明白为什么她总是把家庭放在如此重要的位置。他觉得刘颖对家庭的过度重视让他感到有些压力，甚至让他质疑两人是否真的适合在一起。

两人之间的矛盾逐渐加深，终于在一次争吵中爆发。刘颖责备马克不够重视她，马克则觉得刘颖对家庭的过分关注让他喘不过气。

那一晚，两人都陷入了沉思。刘颖开始反思，是否自己太过急切地将家庭带入了两人的关系？而马克也意识到，自己可能低估了刘颖对于家庭的重视。

经过几天的冷静思考，刘颖决定与马克好好谈一谈。她告诉马克，自己之所以如此重视家庭，是因为在她的文化认知中，家庭是感情的根基，她希望通过见家长的方式，表达自己对这段感情的认真态度。

同时，她也理解了马克对独立性和自由的需求，表示愿意给两人多一些时间，不急于将家庭牵扯进来。

马克听后，表示自己愿意更多地了解刘颖的文化背景，并尝试在两人的关系中找到一个平衡点。他提议，先从小范围的家庭活动开始，比如一起与父母视频通话，逐步建立两家人的联系，而不是一下子进行正式的见面。

最终，两人达成了共识。通过坦诚的沟通，他们不仅加深了对彼此的理解，也学会了在文化差异中寻找共鸣。

爱情需要尊重和包容，不同的文化背景带来了不同的价值观，而这些差异并非不可调和，只要双方愿意共同努力，他们就能创造出属于自己的幸福。

因此，追求爱情的第一步，应该是学习和了解对方的文化背景。你可以通过观察他的行为，倾听他对一些事情的看法，甚至与他进行深入的交流，来逐渐了解他内心深处的文化根基。不要急于用自己的方式去表达爱意，而是要找到一种能够与他的文化背景和谐共存的方式。

理解文化背景，并不意味着你要改变自己，去完全适应对方的文化，而是你在追爱的过程中，能够以一种更为开放和包容的态度去接纳和尊重这些差异。

这种尊重本身，就已经是一种深刻的爱意表达。追求爱情并非一场单向的努力，而是一场双向的理解与包容。

约会攻略

爱情不仅仅是两个人的相遇，更是两种文化的交融。在这个过程中，我们学会了如何在保持个性的同时，与对方建立起一种和谐共存的关系。这样的爱情，不仅仅是心动的感觉，更是一种文化上的相互理解和尊重。

巧用"吊桥效应"，
制造心动瞬间

　　"吊桥效应"，源于心理学的一个概念，背后隐藏着人类情感的微妙机制。当一个人处于紧张或激动的状态时，他们往往会将这种生理反应错误地归因于对眼前某人的心动。这种现象如同吊桥般，摇摇晃晃，却容易让人误以为是内心悸动。

　　在生活中，"吊桥效应"常常在无意识间发挥作用。想象一下，当你与某人共处于一个令人紧张的情境中，例如一起看一部悬疑电影或共攀高峰，心跳加速的瞬间往往会与对方的存在紧密联系在一起。

　　这种情绪上的波动，仿佛为心动注入了催化剂，让普通的时刻变得特别。正因如此，"吊桥效应"成为制造心动瞬间的秘密武器。

　　然而，巧用"吊桥效应"并非操纵他人情感，而是通过创造特别的体验来加深彼此的联系。比如，第一次约会不妨选择一个带有一点冒险或新奇感的活动，如一起参加一个互动性强的游戏，或是去体验一些让人心跳加速的项目。在这样的情境中，彼此的互动和交流会因为共同经历的紧张感而变得更加深刻，心动的火花也更容易在无形中点燃。

今晚，陈小雨精心策划了一场特别的约会。她打算利用高空绳索游戏带来的紧张与刺激，以及自己"假装"的害怕，让王凯对她产生保护欲，从而进一步加深两人的感情。

陈小雨提前一天熟悉了高空绳索游戏的规则与路线。她特意选了一件轻便的运动装，搭配一双抓地力强的运动鞋，确保自己在"害怕"的同时，也能保障自身的安全。

王凯如约而至，在教练的指导下，两人穿戴好安全装备，开始了高空绳索游戏的挑战。随着高度的不断增加，脚下的地面变得越来越遥远，风也在耳边呼啸得更加猛烈。王凯凭借着自己的勇气与毅力，一一克服了前几个挑战点，而陈小雨紧随其后，时而鼓励，时而欢笑，营造出一种轻松愉快的氛围。

然而，在到达一个特别惊险的挑战点时，陈小雨停下了脚步，她紧紧握住绳索，脸色苍白，声音颤抖："王凯，我……我害怕，这里太高了，我过不去。"

王凯闻言，心中涌起强烈的保护欲。他回头说道："别怕，小雨，我在这里。我会一直拉着你，我们一起过去。"

在王凯的鼓励下，陈小雨假装鼓起勇气，但身体依然颤抖。王凯则紧紧握住她的手，带着她一步步跨越了那个看似不可逾越的障碍。在这个过程中，他们充分感受到了彼此之间的依赖与信任。

当两人终于安全到达对岸时，王凯紧紧拥抱了陈小雨。而陈小雨，则在这一刻，露出了得意的微笑，她知道，自己的计划已经成功了。

在接下来的时间里，王凯对陈小雨表现出了前所未有的关心与呵护。他时刻留意着她的情绪变化，生怕她会再次感到害怕或不安。而陈小雨，则继续以"害怕"为掩护，巧妙地引导着王凯更加深入地了解她、关心她。

但是，陈小雨知道，真正的爱情不应该建立在欺骗之上。她决定向王凯坦白自己的计划，以及她对他的真实感情。在一个夜晚，陈小雨鼓起勇气，将自己的计划一五一十地告诉了王凯。

王凯听后，虽然惊讶，但更多的是感动与欣慰。他明白，陈小雨之所以这么做，是因为她渴望与他建立更加深厚的情感联系。他紧紧握住陈小雨的手，深情地说："小雨，无论你是真的害怕还是假装害怕，我都会在你身边。因为，我已经深深地爱上了你。"

随着时间的流逝，陈小雨和王凯的关系更亲密了。两人携手了人生中的风风雨雨，成为了彼此生命中不可或缺的一部分。

有时候一点点的"设计"能带来意想不到的效果，但关键在于这种设计要恰到好处，既不能太过明显，也不能太过刻意。它的核心是通过一些特定的情境，激发人们的紧张和兴奋情绪，从而在不知不觉中拉近彼此的距离。

两个人一起去尝试一项新的运动，比如攀岩或者漂流。在这种充满刺激和挑战的活动中，人们往往会感到紧张和兴奋，这种情绪的高涨很容易转化为对身边人的依赖和信任。在这种紧张的氛围中，一个小小的鼓励，一个默契的眼神，都能成为情感交流的催化剂。

或者，选择一个不太常规的约会场所，比如一个艺术展览或者一场小众音乐会。在这种新鲜的环境里，两个人可以共同探索和体验，这种共同的经历会让彼此的情感更加深刻。在欣赏艺术作品时的一次深入讨论，或者在音乐会上的一次共鸣，都可能成为感情升温的关键时刻。

重要的是，这些活动和体验要自然地融入你们的日常生活中，而不是让人感觉是刻意为之。太过刻意的安排很容易让人感到不自然，甚至产生反感。而那种不经意间的紧张和兴奋，才能激发出真实的情感。

"吊桥效应"的妙用，就在于它能在轻松愉快的氛围中，创造出一些心跳加速的瞬间。这些瞬间，就像是感情中的火花，一旦被点燃，就能照亮两个人的心灵。而这些共同的经历，无论是紧张刺激的冒险，还是温馨浪漫的体验，都会成为日后回忆中最美好的篇章。

约会攻略

一切都要自然而真诚，因为真正的感情，永远建立在相互理解和尊重的基础上。在不经意间，用心营造那些让人心动的时刻，可能就是你们故事的完美开端。

极限拉扯，
满足男人的征服欲

　　法国作家罗曼·罗兰曾说："有才华的女人可以吸引男人，善良的女人可以鼓励男人，美丽的女人可以迷惑男人，有心眼的女人可以抓住男人。"在现代社会，优秀的伴侣似乎成了稀缺资源，女性若不采取一些主动，可能会错失良缘。

　　但主动并不意味着无条件地付出，或是毫无保留地展现自己。相反，它是一种有策略的互动，一种在保持自我价值的同时，吸引对方注意力的艺术。约会时的"极限拉扯"，就是一种巧妙的策略。

　　它不是让你去玩弄对方的感情，而是在相互的交往中，保持一定的神秘感和挑战性。这种策略能够激发男性的征服欲，让他们在追求的过程中感受到成就感和满足感。

　　比如，当对方提出一个观点时，你不必急于附和，而是可以提出自己的看法，展现自己的独立思考。这样的交流不仅能够让对方感受到你

的智慧和个性，也能够在无形中增加你的吸引力。

同时，保持一定的神秘感。不必把所有的事情都告诉对方，而要让对方保持一定的好奇心和探索欲。这种神秘感并不是故作高深，而是让对方感受到你是一个有故事、有深度的人。

林雪是个新晋职场的女性，她不仅聪明能干，而且长得甜美，性格也很温和。朋友们都觉得她是个理想的女朋友人选。但林雪对恋爱有自己的看法，她知道真正的吸引力来自一个人的内在品质。

一次聚会上，林雪遇到了徐浩，一个年轻有为的企业家。徐浩的幽默和风度让林雪对他颇有好感。聚会结束后，徐浩主动要了林雪的联系方式，并且之后几天里，他频繁地给林雪发信息，显然对她很感兴趣。

徐浩："林雪，周末有空吗？我知道一家不错的餐厅，想请你吃饭。"

林雪："听起来不错，但我周末已经和朋友有约了。不过，我们可以下周找个时间。"

徐浩："当然可以，你定时间。"

在接下来的约会中，林雪展现了她的智慧和独立性格。她不会简单地迎合徐浩，而是用她自己的方式回应他。

徐浩："这家餐厅的牛排很不错，我推荐你试试。"

林雪："我更喜欢吃鱼，不过谢谢你的建议。对了，你平时有什么爱好吗？"

徐浩："我喜欢打高尔夫，你呢？"

林雪："我喜欢阅读和徒步旅行。我觉得简单的生活更让人满足。"

徐浩带林雪去了一家高级餐厅，试图展示自己的品位和实力。但林雪并没有被豪华的环境打动，她更注重的是和徐浩的交流和共同价值观。

林雪："这地方确实不错，但我更喜欢那些有特色的小餐馆，那里的食物往往更有故事。"

徐浩："你真的很特别，和我以前遇到的女孩都不一样。"

几次约会后，徐浩意识到林雪不是那种可以用物质和外表轻易打动的女孩。她的独立和智慧让他对她更加尊重和欣赏。

徐浩："林雪，我觉得你很不一样，我喜欢你的独立和智慧。"

林雪："谢谢，我觉得两个人在一起最重要的是相互尊重和理解。"

最终，林雪的"极限拉扯"策略让她在徐浩心中占据了特别的位置。她没有在感情中失去自我，而是找到了和徐浩相处的平衡点。徐浩对她的尊重和欣赏也让他们的关系更加稳固。

林雪通过实践，将这种策略运用得恰到好处。你可以通过一些小动作，比如适时的赞美、适度的挑战或是保持一些个人空间，来增加你们之间的张力。这样的张力能够让关系保持新鲜感，同时也能够让对方在追求你的过程中感受到乐趣。

极限拉扯是一种微妙的艺术，它不是简单的欲擒故纵，而是一种在亲密关系中制造张力的技巧。这种张力能够激发男性的征服欲，让他们在追求中感受到挑战和成就感。

要实现这一点，首先需要了解对方的兴趣和喜好，然后在这些基础上巧妙地设置一些小障碍，让对方在克服这些障碍的过程中感受到乐趣。

比如，如果对方是一个热爱挑战的人，你可以在对话中提出一些不同的观点，这些观点不必是对抗性的，但应该足够引起对方的兴趣和思考。在对方试图说服你或者赢得你的认可时，你可以适时地表现出一些让步，让对方感受到自己的努力是有价值的。

同时，也要让对方有探秘感。不必把所有的想法和计划都告诉对方，而是让对方保持一定的好奇心和探索欲。在实际操作中，极限拉扯并不意味着要刻意制造困难或者冲突，而是要在日常生活中自然地融入这种互动。

比如，你可以在约会时选择一些新的活动或者地点，让对方在和你一起探索新事物的过程中感受到新鲜感和兴奋。

这种共同的经历不仅能够增进你们之间的默契，也能够让对方在追求新奇和刺激的过程中感受到征服的快感。

约会攻略

极限拉扯是一种在情感关系中创造张力和吸引力的技巧，它需要你在生活中细心观察、巧妙应对。通过这种技巧，你不仅能够满足男性的征服欲，也能够让自己在关系中保持独立和魅力。

眼睛会说话，
让他心猿意马

眼睛是心灵的窗户，常常在不经意间透露出我们内心的秘密。它们可以是热情的火焰，也可以是冰冷的冰川；它们可以是深邃的海洋，也可以是清澈的溪流。眼睛会说话，它们传递着情感，表达着思想，甚至在沉默中也能讲述故事。

一个温暖的眼神能够拉近彼此的距离，一个坚定的目光能够传递信任和决心。在日常互动中，我们常通过眼神来表达难以言说的情感。

当我们遇到一个陌生人，初次的眼神接触可能会决定我们对这个人的第一印象；在朋友之间，一个默契的眼神交换就能理解对方的意图；在爱人之间，深情的目光更是情感交流的重要方式。

眼神的力量，在于它们能够传递那些言语难以表达的细微情感。一个关切的眼神可能比千言万语更能安慰一个受伤的心灵，一个鼓励的目光可能比任何话语都更能激励一个人去追求梦想。眼睛的交流，是一种超越了言语的沟通方式，它能够直接触及人的内心，激发出深层的情感反应。

张浩在朋友的安排下，来到了一家有着复古装饰的咖啡馆，准备与一位名叫林悦的女孩见面。他的心情既忐忑又充满好奇，毕竟这是他第一次通过相亲的方式认识新朋友。

张浩提前到了咖啡馆，选了个靠窗的位置，点了一杯卡布奇诺，开始刷着手机，试图让自己看起来不那么紧张。不久，一个穿着米色风衣的女孩走了进来，她有着一头波浪卷的长发，脸上挂着淡淡的微笑。

"嗨，我是林悦。"女孩的声音清脆悦耳。

张浩抬头，两人目光交汇的一刹那，他突然感到一阵心跳加速。林悦的眼神明亮而坚定，让他不由自主地想起了高中时代的班主任，那位总是用严厉却又充满期待的目光注视着他们的老师。

"嗨，我是张浩。"他尽量让自己的声音听起来平静。

两人坐下后，开始了初次的交谈。林悦谈吐自然，举止大方，但张浩的思绪却总是飘忽不定。每当林悦说话时，他都会不自觉地想起班主任的眼神，那是一种混合了严厉和期待的目光，让他不禁回想起高中时的点点滴滴。

"你好像有点走神，在想什么呢？"林悦注意到了张浩的异样。

"呃，没什么，就是突然想起了一些高中的事情。"张浩尴尬地笑了笑。

林悦好奇地问："是什么事情让你这么出神？"

张浩犹豫了一下，决定分享自己的回忆："其实，你的眼神让我想起了我的高中班主任。她总是用那种既严厉又关心的眼神看着我们，让我们既敬畏又感激。"

林悦听后，微微一笑："那她一定是位很有责任心的老师。"

149

张浩点了点头："是的，她对我们要求很高，但我们都知道她是为了我们好。记得有一次，我因为贪玩导致成绩下滑，她找我谈话，那眼神……"他顿了顿，仿佛又看到了那个熟悉的眼神，"就像你现在这样，让我感到既温暖又有点紧张。"

林悦轻声笑了："看来我的眼神很有力量呢。"

两人的对话渐渐变得轻松起来，张浩也开始享受这次相亲的过程。他发现，虽然一开始的相似让他感到不安，但林悦的个性和班主任完全不同。林悦更加随和和善解人意，这让张浩感到放松。

随着时间的推移，两人的谈话越来越投机，张浩也逐渐忘记了最初的紧张和不安。他开始欣赏林悦的聪明和幽默，而林悦也被张浩的真诚和善良吸引。

最终，当服务员送来账单时，张浩没有像最初计划的那样匆忙买单走人，而是提议下次再一起出来。林悦微笑着同意了，两人约定了下一次见面的时间。

在离开咖啡馆的路上，张浩的心情轻松而愉快。他意识到，尽管一开始的相似让他感到不安，但林悦的个人魅力最终让他放下了成见。他期待着与林悦的下一次约会，也许，这将是一段美好关系的开始。

在爱情的世界里，眼神能够传递许多言语难以表达的情感。当一个女孩的眼神让男人心猿意马时，那意味着她的眼神中有着难以抗拒的魅力。这种魅力来自她的眼神中流露出的温柔、神秘或是深情。

在热闹的聚会上，男人被一个女孩吸引。她没有大声说话，也没有夸张的动作，但她的眼神却像磁铁一样，牢牢吸引着男人。她的眼神中带着一丝调皮，仿佛在说："嘿，你注意到我了吗？"这种眼神充满挑逗和玩味，让男人不禁想要靠近，去探索那眼神背后的故事。

当两个人在咖啡馆里相对而坐，女孩认真地听着男人说话，不时地点头，眼神中充满了专注、理解和共鸣。这种眼神让男人感到被重视，被理解，并因此感到温暖和满足。女孩的眼睛好像在说："我愿意倾听你，我愿意理解你。"这样的连接，能迅速拉近两人之间的距离。

还有一种眼神，是充满神秘和诱惑的。当女孩在不经意间轻轻一瞥，那深邃的眼神中似乎隐藏着无数的秘密，伴随着一丝微笑，既不过分张扬，也不过于内敛，恰到好处地勾起了男人的好奇心和探索欲。

在电影《泰坦尼克号》的经典一幕中，罗丝的眼神中充满了对自由的渴望和对杰克的深情，让杰克为之倾倒，也让无数观众为之动容。这样的眼神，不仅是视觉的享受，更是情感的交流，让人难以忘怀。

女人的眼神之所以能够让男人为之动容，是因为那眼神中蕴含了太多的情感和故事。

约会攻略

无论是调皮的挑逗，深情的专注，还是神秘的诱惑，每一种眼神都能够在男人心中激起涟漪，让他为之着迷，为之心动。眼神的力量，有时候比言语更加强大，它能够在无声之中，传递出最真挚的情感。

保持距离，享受约会乐趣

《欢乐颂》中的邱莹莹与白主管的同居关系恐怕是一个颇具争议的情节。邱莹莹有着对大城市生活的憧憬和对爱情的渴望，她的行为和选择在一定程度上反映了许多初入社会的年轻人的心态。

她对白主管的迷恋让她丧失理智，在没有了解白主管为人的情况下，不惜与朋友争执，也要去同居，这真的不是什么明智之举。

邱莹莹的冲动和对爱情的盲目追求，让她尝尽了苦果，也提醒了众多女孩子，在感情发展过程中，保持一定的距离和独立性是非常重要的。在感情中，适当的期待和惊喜，远比过早地陷入日常生活的平淡更能维系双方的情感。

不要急于与对方住在一起，而是应该慢慢享受彼此了解和探索的过程，这才是女孩子的明智之举。人们常说，距离产生美，这并非没有道理。在亲密关系中，随着时间的推移，激情可能会逐渐转化为平淡的日常。

当然，这种转变并非坏事，它标志着关系的成熟。但如果我们过早地将生活完全交织在一起，这种平淡可能会过早地到来，从而削弱了爱情中的新鲜感和兴奋感。相反，如果我们能够保持一定的距离，每次相见都能成为一次新的发现，让爱情在时间的长河中持续燃烧。

阿七在设计公司里忙碌着，她的手指在键盘上飞快地舞动，眼睛不时瞄向办公室的门口。李伟的身影终于出现在视线中，他穿着一身深蓝色的西装，手里拿着一份文件，眼神专注而锐利。

"阿七，这份设计稿我看了，很有创意。"李伟的声音低沉而有力，他站在阿七的办公桌旁，目光中带着赞许。

"谢谢李经理，我还有很多需要学习的地方。"阿七微笑着回应，心里却像被小猫抓了一下，痒痒的。

李伟轻轻一笑，露出了迷人的酒窝，"晚上有空吗？我想请你吃饭，顺便讨论一下这个项目。"

阿七的心猛地跳了一下，"当然有空，我很乐意。"

晚餐在一家温馨的小餐馆里进行，两人聊得投机，话题从工作渐渐转向了个人生活。

"阿七，你一个人在这个城市，不寂寞吗？"李伟的眼神里带着关切。

"有时候会觉得孤单，但工作忙起来也就忘了。"阿七坦白地说，她的眼神在烛光下显得格外温柔。

"或许，我们可以多花些时间在一起。"李伟的声音里带着一丝试探。

阿七低下头，脸上飞起了两朵红云，"我……我也这么想。"

几周后，两人的关系迅速升温，李伟提出了同居的建议。

"阿七，这样我们不仅能节省开支，还能更好地照顾彼此。"李伟的话语里满是诱惑。

阿七犹豫了一下，但最终还是点了点头，"好，我同意。"

然而，幸福的日子并没有持续太久。一天，当阿七正在家里整理房间时，门铃响了。门外站着一位穿着考究的女士，她的眼中带着几分锐利。

"你是？"阿七疑惑地问。

"我是李伟的妻子。"女人的声音冷冷的，让阿七的心瞬间沉到了谷底。

"妻子？他从来没说过……"阿七的声音颤抖着，她感到一阵眩晕。

"他当然不会说，因为他一直在骗你。"女人的嘴角勾起了一丝讽刺的笑容。

阿七的眼泪不争气地流了下来，"我……我真的不知道。"

女人叹了口气，语气稍微缓和了一些，"我知道你也是受害者，但你得明白，他不配拥有你的爱。"

阿七默默地点了点头，带着自己的行李，走出了曾经充满欢笑的公寓。其实，她现在挺后悔，如果不那么急于住在一起，或许她也能看清李伟的真面目了。还好，她还年轻，现在抽身一切都不晚。

阿七搬回了自己原来的小公寓，而李伟，他失去了一个曾经深爱他的女人，也失去了一个原本幸福的家庭。

不要太过于着急缩短距离，距离不仅仅是一种空间上的分隔，它更是一种智慧。它让我们有机会去培养和保持自己的兴趣、朋友和社交圈，这些都是构成我们个性的重要部分。比如，你热爱摄影，而你的伴侣喜欢阅读，保持适当的距离可以让你们在各自的爱好中找到乐趣，然后在一起分享这些乐趣，这样的交流往往更加丰富和有趣。

而且，距离还能为约会增添一份特别的仪式感。当你们不总是生活在一起时，每一次的约会都变成了一次精心策划的邂逅。你们会更加珍惜共度的时光，而不是将其视为理所当然。比如，你们可以计划每月一次的"探索城市"之旅，或者每周一次的"主题晚餐"，这样的约会因为稀少而变得珍贵，因为期待而充满惊喜。

当然，这并不是说我们不需要亲密和共享生活。只是在爱情的早期阶段，适当的距离可以给我们更多的空间去思考和感受这份关系的真实深度。当你们确信对方是那个想要携手一生的人时，再选择共同生活，这样的同居将更加稳固和美好。

所以，在爱情的道路上，不妨放慢脚步，给爱留出更多的空间。保持距离并不是冷漠，而是一种让爱情更加醇厚的智慧。

每一次的相聚，因为这份距离而变得更加珍贵；每一次的分别，也因为对下一次相遇的期待而充满意义。让距离成为爱情的调味品，让你们的关系在时间的沉淀中变得更加香醇。

约会攻略

距离是一种艺术，过近会让彼此感到窒息，过远则会让关系变得淡薄无味。就像画家在创作时，需要保持一定的距离来审视整体画面，才能确保最终的作品既有深度，又充满细节。

蔡戈尼效应：
在情绪最高涨时告别

意难平是一种什么感觉？

为什么我们对于那些未完成的事情总是念念不忘？

其实，心理学家布鲁玛·蔡戈尼早已经揭开了这种感觉的秘密，人们把它称为"蔡戈尼效应"。

在情感世界中，这一效应尤为显著。当我们在情绪最高涨时选择告别，往往会在心灵深处留下深刻的烙印，成为难以忘怀的瞬间。

在一段关系中，无论是友情还是爱情，当情绪达到顶峰时，往往是双方最为投入、彼此连接最紧密的时刻。如果在这个时刻选择告别，情感的余温还未消散，那些未尽的感受、未说出口的话语，都会在心中反复回荡，形成持久的记忆。这种未完的状态不仅让人对过去的美好念念不忘，更让未来的期许变得愈发强烈。

在他们常去的咖啡馆里，李楠和苏晴坐在角落那张熟悉的桌子旁，面前的咖啡早已失去了热气，就像他们此刻的心情一样，有点冷，有点沉重。

李楠先开口，声音里带着一丝颤抖："晴，听说你要出国深造了，这是个难得的机会，我真的为你感到高兴。"

苏晴咬了咬嘴唇，努力不让眼泪掉下来："楠，我也很开心，但是想到要离开你，心里就像被什么东西揪着一样。"

"咱们不是说过要一起开设计工作室的吗？"李楠试图挤出一个笑容，但眼神里的不舍还是出卖了他。

苏晴点了点头，泪水终于忍不住滑落："我记得，每一句话，每一个梦想，我都记得。但这次学习的机会，我不想错过。"

李楠伸出手，轻轻擦去苏晴脸上的泪水："我不想你因为我放弃梦想，我会在这里等你，我们的梦想也会等你的。"

苏晴握住李楠的手，紧了紧："我也会想你的，每个夜晚，每一杯咖啡的时候。"

两人的对话渐渐变得轻松起来，他们开始回忆起一起度过的日子，那些欢笑和争吵，那些共同熬夜工作的日子。

"记得那次我们为了一个设计稿通宵达旦吗？"李楠笑着问。

苏晴破涕为笑："当然记得，你还把咖啡洒在了设计稿上，我们差点要从头再来。"

"还有那次我们去爬山，你坚持要走完最后一段路，结果我们俩都累得坐在路边。"李楠回忆着。

苏晴笑着回应："是啊，那时候我还抱怨你走得太快，不顾我的感受。"

时间在回忆中悄悄流逝，直到咖啡馆的服务员提醒他们即将关门。

两人相视一笑，知道是时候说再见了。

李楠站起身，伸出手："晴，无论你走到哪里，都要记得，我在这里等你。"

苏晴也站起来，紧紧握住李楠的手："我会的，楠。我们的梦想，我会带着它一起飞。"

两人在咖啡馆门口告别，苏晴转身离去，李楠站在原地，望着她的背影渐渐远去。他们的心中都充满了对未来的期许，尽管现在不得不面对分别，但他们相信，总有一天，他们会再次相聚，继续他们未完成的梦想。

日子一天天过去，李楠独自在这座城市里继续他们的设计工作，每当夜深人静时，他会想起苏晴，想起他们共同的梦想。而苏晴在异国他乡，也在努力学习，她知道，她的每一次进步，都是为了他们共同的未来。

直到有一天，苏晴学成归来，她和李楠再次坐在那家咖啡馆里，两人的面前摆着热气腾腾的咖啡。

"我回来了，楠。"苏晴的声音充满了坚定和力量。

李楠看着她，眼中闪烁着泪光："欢迎回家，晴。我们的工作室，是时候开始了。"

两人相视而笑。

在鲜花和掌声中选择退隐，往往比低谷时的隐退更明智。生活中，在最美好的瞬间适时告别，就会成为一种"心痒"，无论如何去挠，也还是在心里惦念着。这样的离开，不仅不会削弱情感，反而会因未完的美好而加深记忆；这也意味着，懂得适时而退，掌握告别的艺术，是一种智慧。

那么，如何在情绪最高涨时告别呢？首先，要学会识别情感的巅峰时刻，这需要我们对自己的情感和对方的反应有敏锐的洞察力。当你感觉到此时此刻是最美好的时刻，不妨果断地结束对话或互动。

此外，要掌握适度的分寸感，过早告别可能会让人感到意犹未尽，但太晚告别则可能会让情感变得平淡无味。因此，在情感最浓烈的时候适时告别，能够最大限度地保留那份美好的情感温度，让记忆在对方心中久久挥之不去。

最后，记住告别并不意味着结束，而是为下一次更好的相遇创造条件。正如蔡戈尼效应所示，未完的事情更容易在心中留下印记。懂得在最美好的时刻告别，不仅是对当下的珍惜，更是为未来留下更多的可能性。

约会攻略

当我们与某人共度美好时光时，往往会沉浸在那份幸福和愉悦中，难以自拔。可有时，正是在情绪最高涨的时候选择告别，才能让那段经历变得更加美好和难忘。

如何把控约会节奏，
才能让恋爱更甜蜜

  恋爱也是需要把握节奏感的，如同一首乐曲中节拍的把握一样，它决定了整段关系的和谐与甜美。太快，容易让人疲惫，失去了探索彼此的乐趣；太慢，又可能让关系停滞不前，错过了彼此心意交融的时机。

  恋爱中的节奏，就像生活中的呼吸一样，既要有张有弛，又要自然流畅。在这个快节奏的时代，许多人追求效率，恋爱也不例外。

  初次见面之后，许多人希望迅速推进，仿佛关系越快进入深层，感情就越稳固。然而，感情并不是一场比赛，更不是一项可以通过快速推进而获得成功的任务。过快的节奏，容易让人感到窒息，情感反而无法沉淀下来，像是温水煮青蛙，虽然最初一切都在掌控之中，但最终却让彼此感到乏味与倦怠。

  相反，如果我们能够放慢脚步，让每一个阶段都得到充分的体验和享受，感情便能在自然的节奏中稳步发展。恋爱初期，我们常常会被激情和新鲜感所驱使，迫不及待地想要更多地了解对方。对每一次的见面和互动都充满了期待，这种强烈的渴望虽然让人感到兴奋，但若没有适当的节奏控制，可能会让关系陷入过于急促的状态，甚至产生压力和疲惫感。

同时，懂得如何在适当的时候加速也是必要的。当两人的感情逐渐升温，适时地增加约会的频率和互动的深度，可以让彼此的关系更进一步。这时的加速并不是一味地增加见面次数，而是通过更多的情感交流、更多的默契培养，让感情在自然流淌中渐入佳境。

周杰和小彤选择了一个靠窗的座位，阳光正好洒在桌面上，为这次约会增添了几分温馨。

周杰笑着对小彤说："小彤，你选的这家咖啡馆真不错，氛围很好。"

小彤微微一笑，回答道："我听说这里的咖啡豆都是店主亲自挑选的，我想你会喜欢的。"

他们的对话轻松而自然，没有太多的拘束。小彤懂得如何在对话中引导话题，让两人的交流更加深入。

周杰好奇地问："你平时有什么爱好吗？除了喝咖啡。"

小彤想了想，说："我喜欢画画，尤其是水彩画。你呢？"

"我？我喜欢打篮球，周末的时候经常会和朋友们去球场。"周杰回答。

小彤点头，她喜欢周杰的直率和热情，但她也意识到，恋爱不是一场赛跑，不需要急于求成。她想要慢慢了解周杰，同时也让他了解她。

在约会的过程中，小彤并没有急于展示自己，也没有过分追问周杰的私事。她相信，随着时间的推移，两人之间的关系会自然地发展。

周杰似乎也感受到了小彤的用心，他并没有急于表达自己的感情，而是选择了慢慢地靠近。在他们一起散步的时候，他会注意小彤的步伐，确保她不会感到不舒服。在聊天时，他会倾听小彤的想法，而不是一味地谈论自己。

随着时间的推移，他们的约会地点从咖啡馆变成了美术馆、公园和图书馆。每一次约会，他们都会选择一些新鲜的地方，让彼此的生活有更多的交集。

在一次周末的郊外徒步中，周杰忍不住对小彤说："彤，我觉得和你在一起的每一天都很新鲜，也很快乐。"

小彤笑着回答："我也是，杰。我觉得我们的节奏刚刚好，不急不慢。"

好的节奏不急不慢，人生有太多的苦，而甜更是要慢慢品尝才会更幸福。初次约会时，哪怕你再喜欢，也不要急着表达过多的情感，保持适度的距离与神秘感，让彼此都能在接下来的互动中保留一份期待与探索的欲望。太容易得到的很多人都不会珍惜。

约会的频率也需要注意，不宜过于频繁，更不应因对方一时的冷淡而感到焦虑，恋爱需要给彼此留有空间，这样才不会让关系变得沉重和压迫。太频繁则会疲惫，而疲惫是最伤感情的毒药。

此外，在每次约会时，不要把所有的话题都在一次见面中谈尽，而是让彼此对下一次的相处充满期待。就像品一杯好茶，不是一口气饮尽，而是细细品味，回味无穷。

把控恋爱的节奏，就是在感情的进程中找到一种适合彼此的步调，既不过快也不过慢，让感情在适度的张力中自然生长。通过这一过程，感情会变得更加甜蜜和稳固，也会在长久的相处中散发出愈加醇厚的魅力。

约会攻略

当你感到关系过于紧张时，不妨适当地放慢脚步，给彼此更多的空间和时间；当你们感到彼此的距离开始拉远时，也可以适当地加速步伐，让感情重新升温。通过不断调整和掌控约会的节奏，你们的恋爱将会更加甜蜜，关系也会更加牢固。

微信扫码

① AI贴心闺蜜
② 成长必修课
③ 情商进阶营
④ 幸福研讨室

Women's Dating Strategy

第七章

保持头脑清醒，做自信独立的女人

在寻找真爱的过程中，应该保持头脑清醒。要活出自我，享受生活，迎接未来的幸福与可能。

约会是场双向选择

你听到过心跳的声音吗？

在一瞬间，你的心脏是否会激烈地跳动？当你与他对视时，会不由自主地紧张和激动，让你的脸颊染上红晕？是的，这是爱情最初的悸动。

但请稍等，亲爱的，在你沉醉于这股情感的漩涡之前，不妨先冷静下来。爱情，从来都不是一个人的独角戏，而是两个人的默契与选择。那种校园里青涩的心动，或许在现实的世界里，只是爱情故事的序章。

约会，不只是一场关于吸引力的探索，它更是一次深入了解彼此是否适合共同前行的机会。在这个过程中，我们不只是在寻找共同的旋律，更是在审视对方是否与我们内心的价值观和生活态度相契合，是否能够在未来的岁月里，与我们携手成长，相互扶持。

生活中的每一个决策都不是孤立的，选择爱情的约会也是如此，它是两颗心灵在无声中相互测试和权衡的过程。当你在展示自己的时候，也在细致地观察对方是否真正符合你的期待。这不是一种冷漠的审视，而是对未来可能的同行之人的一种深思熟虑。

小佳是个文静的女孩，平时就喜欢宅在家里翻翻书或者涂鸦。她的生活就像她喜欢的那些水彩画一样，平静而有序。但这一切在遇到阿杰后开始变得不一样了。

那是一个周末，小佳被朋友拉去参加聚会，说是要认识新朋友。她本来不抱什么希望，直到阿杰出现在她的视线里。他是那种一走进来就能吸引所有人目光的类型，笑容灿烂，谈吐风趣。

阿杰走过来和小佳搭话，两人聊起了最近看的书和电影，没想到还挺投机。聚会结束时，阿杰提议第二天一起去看新上映的电影，小佳心里乐开了花，连声答应。

第二天，电影院里，小佳满心期待地坐在阿杰旁边，可她渐渐发现，阿杰似乎只是出于礼貌才邀请她。电影散场后，阿杰送她回家，但没再提下次见面的事。小佳心里有点不是滋味，但她告诉自己，别急，慢慢来。

从那以后，小佳开始主动给阿杰发消息，约他出来。开始阿杰还会回复，但后来回复越来越慢，有时候甚至不回。小佳心里着急，她觉得自己得做点什么。

"嘿，阿杰，今天天气不错，要不要一起去公园走走？"小佳又发了一条消息。

阿杰看着手机，皱了皱眉，他回复道："小佳，我今天有点忙，下次吧。"

小佳不甘心，她开始每天早上给阿杰发"早安"，晚上又问"你今天过得怎么样？"阿杰开始觉得有些窒息，他觉得自己的生活被小佳的关心填满了。

有一天，阿杰和朋友们在咖啡馆聊天，一抬头，又看到了小佳。她笑着挥手，阿杰却觉得心里有点发毛。

"你怎么在这？"阿杰走过去问。

"哦，我刚好路过，看到你了。"小佳回答。

阿杰心里明白，这已经不是第一次"刚好"了。他决定找个机会和小佳说清楚。

几天后，阿杰约小佳出来，他直截了当地说："小佳，我很感激你对我的关心，但我觉得我需要一些空间。"

小佳愣了一下，然后说："哦，我明白了。我会注意的。"

但小佳并没有真的明白，她的行为越来越过分。她开始在深夜给阿杰打电话，甚至在他家门口等他。阿杰越来越不安，他觉得自己的生活被小佳的执念打乱了。

最后，阿杰忍无可忍，他选择了报警。警察找小佳谈了话，告诉她这种行为是骚扰。

小佳被警察带走的时候，她哭了。她不明白，自己那么喜欢阿杰，为什么会让他这么烦恼。

阿杰的生活终于恢复了平静，但他心里对感情有了阴影。他开始对新的感情更加谨慎，不再轻易敞开心扉。而小佳，也因为自己的执着，失去了一个可能的朋友。

感情不是一厢情愿，不是一味地追逐就能得到，要给对方空间。爱情是两个人的默契和快乐，而不是一方的纠缠和另一方的负担。

双方的选择不仅仅基于外在的吸引力，还包括性格、兴趣、价值观等更深层次的认同。如果我们只关注表面，很容易陷入短暂的激情之中，却忽略了长久的相处之道。

因此，约会并不是简单的"一见钟情"或者"天作之合"，而是一场需要认真思考和选择的过程。你要问自己：对方是否愿意接受真实的你？你是否能够在对方的世界里找到共鸣？

那么，如何在约会中做到双向选择呢？首先，保持头脑清醒，了解自己的需求和底线，不因一时的好感忽视自己内心的需求。其次，用心了解对方，不被表象迷惑。同时，也不要害怕做真实的自己。

如果你总是试图迎合对方，而不敢做真实的自己，那么即使你们开始了关系，未来也很可能会因为彼此不够契合而产生问题。保持真实，不仅能让你更轻松自在，也能吸引到真正欣赏你的人。

最后，约会中的双向选择不仅是为了找到一个合适的伴侣，更是一个了解自己、提升自己的过程。通过每一次的互动，你会对自己有更清晰的认识，明白自己真正需要什么样的关系，也会在这一过程中变得更加成熟和自信。

约会攻略

约会是一场双向选择的过程，它要求我们既要展示自己，也要观察和评估对方。通过这个过程，我们可以更好地了解彼此，找到那个与自己心灵契合的人。真正的约会不仅仅是一场简单的见面，它是两个人心灵深处的对话和交流。

自我独立，
男人不是必需品

　　背对背坐在地毯上慢慢变老的画面可能是每一对情侣的憧憬，连《甄嬛传》中甄嬛刚进宫时都在祈祷着"愿得一人心，白首不相离"，但是，现实往往并不如诗篇中那般顺畅，分手和旧情成了许多人不得不面对的情感课题。面对这些曾经的爱恋，我们的态度千差万别，但不可否认的是，许多人对过去的感情依旧念念不忘。

　　这种看似无法割舍的情感，其实揭示了一个深刻的心理现象：恋旧。恋旧并非简单的不舍，它背后隐藏着一种深层的占有欲———一种不愿意放手的心态。

　　在爱情的世界里，我们渴望被珍视、被呵护、被理解，这些温暖的体验成为我们内心深处不愿抹去的记忆。即使爱情已经远去，我们依然渴望在对方的心中占有一席之地，希望那份曾经的关爱和体贴能够延续。

　　我们应该明白，分手并不意味着孤独，也不意味着缺乏幸福感。在爱情中不依附他人，不合适便果断分手，意味着我们有能力独立地生活，有勇气面对自己的情感，有智慧去分辨哪些是生命中的过客，哪些才是真正值得珍惜的人。

男人，或者说任何异性伴侣，都不应成为我们生活的必需品。我们的价值和幸福，不应该依赖于他人的存在。

李浩和苏晴相约在一家文艺咖啡馆。然而，这场原本被期待的浪漫与甜蜜的约会，却意外地成为了两人关系走向终结的转折点。

李浩习惯于掌控一切，他擅自为苏晴安排了所有的行程，从咖啡馆的选择到接下来的活动，都没有征求苏晴的意见。当苏晴提出想要去附近的艺术展时，李浩以"那地方没意思"为由，强硬地否定了她的想法。

苏晴是一个内心强大且独立的女性，她不愿成为任何人的附属品。面对李浩的强势，她试图以平和的方式表达自己的不满，但李浩并未放在心上。当李浩再次试图安排她的时间，甚至提出希望她能放弃自己的工作，全职支持他的创业梦想时，苏晴终于无法再保持沉默。

"李浩，我尊重你的梦想，但我不能放弃我自己的人生。"苏晴的声音虽轻，却充满了力量，"我是独立的个体，我有自己的追求和梦想。如果你不能接受这一点，我想我们需要重新考虑我们的关系。"

李浩听后，脸上闪过一抹惊愕与不解，他似乎从未想过苏晴会如此坚决地拒绝他。随着对话的深入，两人之间的气氛愈发紧张，最终，这场约会以一种尴尬而沉默的方式结束。

几天后，苏晴给李浩发了一条信息，简短而坚决："我想，我们都需要时间去成长，去寻找真正适合自己的生活方式。希望你能理解。"

李浩收到信息后，心中五味杂陈，他不理解苏晴的想法，但他尊重苏晴的选择。于是，两人和平分手，各自踏上了新的旅程。

分手后的苏晴，并没有陷入失落和沮丧，相反，她感到前所未有的自由和轻松。她开始更加专注于自己的事业，参加各种艺术展览和讲座，不断拓宽自己的视野。

随着时间的推移，苏晴的生活变得越来越丰富多彩。她发现，她可以更自由地追求自己的梦想，更真实地表达自己。她学会了如何独立面对生活的挑战，如何在困难面前保持坚强和乐观。

最终，苏晴活出了自己的精彩。她用自己的经历告诉所有人，女性不需要依附任何人，也可以拥有属于自己的幸福和成功。在这场关于自我独立的旅程中，她不仅找回了自己，还收获了更加广阔的世界。

分手并不是生活的终点，而是一个新的开始。男人不是生活的必需品，而是生活的伙伴。当我们能够独立地生活，享受生活带来的每一份快乐时，才能真正地找到属于自己的幸福。

在传统观念中，伴侣的存在似乎是幸福的必要条件。然而，细心观察不难发现，许多在恋爱或婚姻关系中的人也并非总是快乐的，甚至可能陷入更深的孤独与不安。相反，独立的女性有更多的时间去探索自我，发展兴趣，提升个人能力，真正活出自己的精彩。

《简·爱》中的经典名言："我就是我自己的主宰。"在这个时代依然有着深刻的意义。你可以自由选择自己的生活方式，无需将自己限定在一个传统的框架中。你可以决定自己的生活节奏，不必为了迎合他人的期待而牺牲自己的快乐。

女人要学会与自己相处，独处并不意味着孤独，而是给了你一个机会，去真正了解自己，聆听内心的声音。试着去发现生活中的小美好，无论是一本好书、一次旅行，还是一顿用心制作的晚餐，都是你与自己对话的方式。在这些时刻中，你会发现，快乐不一定来自他人，而是源自你对生活的热爱与投入。

你可以与朋友、家人保持联系，甚至结识新的朋友，拓宽自己的视野。这些关系不仅能够丰富你的生活，还能在你需要支持时提供力量，但这些关系是建立在平等与尊重的基础上的，而不是依赖或需要取悦对方的。

最重要的是，要放下对"必须拥有男人"的执念。社会常常告诉我们，女人的幸福需要男人来成全，但真正的幸福是内心的平静与满足。你不需要通过拥有一个伴侣来证明自己的价值，而是通过你所做的事情、你所创造的生活来定义自己。

约会攻略

享受生活赋予我们的每一次机会，去创造属于自己的精彩。男人，不是生活的全部，更不是幸福的保证。我们的幸福，永远掌握在自己手中。

只是约会而已，
距离恋爱还远着呢

　　很多人在第一次约会后，就不禁开始憧憬未来的甜蜜生活，仿佛对方已经成了自己生命中的重要伴侣。然而，约会只是两个人相互了解的一个开始，而非通往恋爱的捷径。我们常常需要提醒自己，约会只是约会，距离恋爱，还远着呢。

　　约会是一个探索的过程，是为了更好地认识对方，每个人都有自己的面具和防备，初次约会时展现的，往往是最好的自己。然而，恋爱不仅需要看到对方的优点，还要接受彼此的缺点。

　　"爱一个人，不仅仅是欣赏他的阳光，还要接纳他的阴影。"只有通过多次的交流与相处，才能逐渐了解对方的真实面貌，才能判断这段关系是否值得进一步发展。

　　此外，恋爱需要建立在深厚的信任与理解之上，而这些都不是一两次约会就能形成的。信任的建立需要时间，需要经历共同的考验和挑战。

一时的激情可能会让我们误以为对方就是"那个人"，但如果缺乏足够的
了解与信任，这样的激情往往无法持久。

公司里有两个男同事都对小雅有意思。

阿健是个文艺青年，周末总爱拉着小雅去看画展，聊那些深奥的艺
术和哲学问题。

阿明则是个乐天派，他喜欢带小雅去新开的餐厅尝鲜，两人总能在
笑声中度过愉快的时光。

"小雅，这个周末有个新开的艺术展，一起去看看吧？"阿健在茶水
间碰到小雅时邀请道。

"好啊，我对那个艺术家的作品还挺感兴趣的。"小雅笑着答应了。

另一边，阿明也不甘示弱，"小雅，我知道一家新开的火锅店，据说
超级好吃，周末一起去尝尝？"

"听起来不错，我最喜欢吃火锅了。"小雅也答应了。

尽管和两人都保持着友好的约会关系，但小雅心里清楚，这并不意
味着她就会和他们中的任何一个开始恋爱。她享受和他们相处的时光，
但同时也保持着一定的距离。

公司的同事们开始议论纷纷，"小雅这样同时和两个男生约会，是不
是有点太花心了？"

"谁知道呢，不过我觉得她挺聪明的，多了解了解总没错。"另一个
同事说。

面对同事们的议论，小雅并没有放在心上。她有自己的原则，"我现
在只是在了解他们，这和恋爱是两码事。我不想因为一时的冲动就作出

决定。"

随着时间的推移，小雅逐渐发现阿健虽然很文艺，但对生活的看法和她不太一样。而阿明虽然很幽默，但在一些关键问题上他们的观点也不尽相同。

"阿健，我觉得我们对生活的期待还是有些不同的。"在一次深入的对话后，小雅认真地说。

阿健沉默了一会儿，然后说："我明白了，小雅，我尊重你的决定。"

和阿明的最后一次约会结束后，小雅也表达了自己的想法，"阿明，我们在一起很开心，但我觉得你我之间还是更适合做朋友。"

阿明虽然有些失落，但他还是笑着拍了拍小雅的肩膀，"没问题，小雅，我们还是好朋友。"

约会只是了解对方的一个过程，并不是恋爱的承诺。在这个过程中，我们可以更清楚地认识自己和对方，从而在未来的恋爱中作出更明智的选择。小雅坚信，当她决定恋爱时，那将是一段唯一的、认真的关系。

所以，在初次约会后，不要急于给这段关系贴上"恋爱"的标签。保持适当的距离和冷静的头脑，有助于我们更理智地看待对方，也有助于防止因为盲目而导致的情感伤害。只是约会而已，距离恋爱还远着呢。我们需要给彼此足够的时间和空间，去发现、去思考、去确认。

不要在约会后立即对对方产生过高的期待，约会只是一个互相认识的机会，而非承诺的开始，你可以享受当下的时光，但不要让这些短暂的快乐蒙蔽你的理智。

还要学会倾听和观察，通过对方的言行，判断他是否真的适合与你走得更远，在这个过程中，保持清晰的头脑，避免过早投入过多的感情。

最重要的是，尊重自己的内心感受。如果你在约会后感到不适或不确定，不要强迫自己继续下去。爱情是自然而然的，而不是勉强维持的。只有当你感受到真正的契合，才值得进一步考虑恋爱的可能性。

约会攻略

约会只是认识彼此的一个起点，而非终点。恋爱需要时间、信任和理解，不要因为一时的心动就失去理智。保持距离，保持冷静，只有这样，你才能在感情的路上走得更远。

图书馆OR酒吧，
相识的场所很重要

　　"物以类聚，人以群分。"人与人之间的相识、交往，很大程度上取决于他们相遇的场所。一个人的选择不仅是内心世界的外在投射，更是他潜在认知的镜像。图书馆与酒吧这两种截然不同的场所，正是最好的例证。

　　像图书馆之类的安静场所，人们通常处于安静、思考、求知的状态。在这里遇见的人，往往与我们有着相似的求知欲和对世界的好奇心，这样的相识，更容易在思想上产生共鸣。

　　图书馆里，每一本书都像是一个窗口，透过它，我们可以看到他人的世界观、价值观。当你在图书馆与某人相识，很可能是因为你们对某本书的共同兴趣，而这份兴趣则成为你们深入交流的契机。

　　相反，像酒吧之类的场所，是相对嘈杂、放松的环境，人们来这里更多是为了娱乐、放松，暂时逃避生活的压力。在这样的场所相识，更多的是瞬间的情感吸引，而非深层次的思想共鸣。

虽然在酒吧结识的人也可能发展出深厚的友谊，但这种友谊往往更依赖于彼此的性格相投，而非内在思想的契合。

选择在哪种场所与人相识，实际上反映了我们内心的某种需求。如果我们渴望找到一个能够与我们在思想上产生共鸣的朋友，那么图书馆可能是一个更好的选择。这里的人通常更愿意花时间去理解他人的想法，去探讨一些更深层次的问题。而如果我们只是想找到一个能够一起放松、享受当下的伙伴，那么酒吧可能更符合我们的需求。

程瑟从小就和妈妈关系亲密，妈妈一直对她的生活有着浓厚的兴趣，尤其是她的感情生活。程瑟已经二十多岁了，但恋爱之路一直不太顺利。

妈妈常常感叹："程瑟啊，你怎么还没找到一个阳光健康的男孩子呢？这些年你遇到的那些人，不是太懒就是太阴沉。"妈妈坚信，早晨起来跑步的男孩子，一定是阳光、勤奋、有责任感的，所以她决定采取行动。

"从明天开始，咱们一起晨跑！"妈妈宣布道，语气中透着不容置疑的坚定。程瑟无奈地答应了，虽然她并不相信妈妈的理论，但也不好拒绝。

第一天早晨，程瑟起床后还是迷迷糊糊，跟着妈妈一起跑到了附近的公园。她一边打哈欠一边跑着，心里暗暗想着：跑步能找到男朋友？妈妈这是太理想化了吧。可是，每天清晨，她还是被妈妈从床上拽起来，尽管开始时心不甘情不愿，慢慢地，她发现晨跑让她感到神清气爽，似乎也开始有些喜欢上了这项运动。

就这样，几周过去了，程瑟逐渐适应了早起晨跑的节奏。她依然没见到妈妈所谓的"阳光男孩"，但她已经不再抗拒晨跑了。一天早晨，程瑟照常在公园里跑步，正当她沉浸在自己的节奏中时，突然一个人影出现在她面前。程瑟没来得及反应，一下子撞了上去，两个人都摔倒在地。

"对不起，对不起！你没事吧？"程瑟急忙道歉，心里又气又窘。

"没事，是我不小心挡住你了。"对方笑着回答，声音温和中带着一丝歉意。程瑟抬头一看，眼前的男孩大约二十几岁，穿着运动服，脸上带着微笑，阳光洒在他的脸上，显得格外温暖。

两人起身后，男孩主动介绍自己："我叫小楠，早上喜欢来这里跑步。"

"我叫程瑟，我也是最近才开始晨跑的。"程瑟有些不好意思地说道。

小楠笑了笑："要不要一起跑？我知道这附近有条风景很好的小路。"

程瑟点点头，于是两人并肩跑了起来。在接下来的晨跑中，他们聊了很多，从跑步心得到生活中的点滴。程瑟发现小楠不仅阳光，还很有趣，和他在一起总是让人感到很放松。就这样，晨跑渐渐成了他们每天的固定约会时间。

随着时间的推移，程瑟和小楠的关系越来越亲密，最终自然地走到了一起。她没想到，妈妈的晨跑计划竟然真的帮她找到了这么一个阳光健康的男孩。

一天早晨，程瑟和小楠在跑步时，妈妈远远地看着他们，露出了满意的笑容。程瑟也在心里暗笑，看来妈妈的直觉还真是准呢。

人一定会选择让自己舒服的场所去活动，因此你想遇到什么样的人，就去选择他最常去的场所。

如果你希望找到志同道合的朋友，可以多去一些能体现你兴趣爱好的场所，比如图书馆、书店、博物馆等。在这些地方，你更容易找到和你有共同话题的人，而这份共同的兴趣也将成为你们关系的坚实基础。

当然，如果你想出其不意，选择通常不被选择的场所也可能带来意想不到的惊喜。在酒吧这样看似浮躁的地方，你也可能遇到一个与众不同的人，只是这个人可能与在图书馆里遇到的不同，他们带给你的或许是另一种生活的视角。

无论是在图书馆还是在酒吧，人与人之间的关系最终还是要靠相互理解和尊重来维系。初识的场所固然重要，但更为关键的是在接下来的相处中，如何通过共同的兴趣和价值观，去深化这段关系。

人际关系的质量，不仅仅取决于我们在哪儿相识，更取决于我们如何用心去经营。

约会攻略

相识的地点可以作为我们了解对方兴趣的窗口。相识的场所不同，我们与对方开展的话题也要有所变化，应该投其所好，选择对方可能感兴趣的话题。

随时做好准备，
万一转角就遇到爱

生活中的每一个转角，或许都潜藏着意想不到的惊喜，爱情往往在你最不经意的时候降临，带来温暖与希望。

有人说，爱情是注定的缘分，然而缘分即便注定，也需要我们随时准备接受。若没有准备好，便可能因匆忙与犹豫而错失机会。

很多人渴望美好的爱情，却在等待中渐渐失去了耐心与信心，忽略了自我的提升与心态的调整。事实上，真正的准备并不仅仅是外在形象的打磨，更是内在心态的成熟与自信的建立。

一个人可能每天忙于工作，生活规律得一成不变，心中渐渐对爱情失去了期待。突然，有一天，在一个陌生的环境里，他遇到了一个与众不同的人。若他早已习惯了自我封闭与退缩，或是因为疲惫而忽略了对方的存在，那么这一段可能萌发的情感就可能永远止步于初见的那一刻。

然而，如果他始终保持对生活的热情，坚持自我提升，不忘心灵的开放与准备，那么这个转角处的相遇或许会成为一段美好故事的开端。

张薇的生活像是一条永无止境的流水线。每天，她都在地铁的拥挤和办公室的忙碌中度过，下班后再回到狭小的出租屋，她的生活似乎被设定成了重复播放的模式。爱情，对于她来说，已经成为奢侈的幻想。

然而，生活总是充满了意外。一次偶然的出差，让张薇踏上了一座陌生的城市。这里的一切都让她感到新鲜，但也带来了一丝不安。

一天工作结束后，张薇决定去附近的小咖啡馆放松一下。她找了个靠窗的位置坐下，点了一杯拿铁，试图通过手机屏幕逃避现实。就在这时，一个温和的声音打破了她的孤独。

"嗨，这个位子有人吗？"一个男孩子微笑着问道。

张薇抬头，看到一个手持咖啡的男孩，他的笑容如同秋日暖阳，让人感到舒适。她连忙回答："没有，你请坐。"

男孩叫小杰，是一名程序员，他的谈吐中透露出对生活的热爱和对工作的热忱。两人聊得很投机，从工作到生活，再到各自的梦想和兴趣，时间仿佛在这一刻停止了流逝。

张薇发现，小杰和她遇到的其他男孩不同，他的眼中有着不一样的光彩。他的幽默和智慧让张薇感到了久违的快乐。但在她的内心深处，却有一个声音在提醒她：这一切可能只是昙花一现。

咖啡喝完了，小杰起身告别，他轻松地说："今天能遇到你真好，希望我们还能再见。"张薇心中一动，几乎就要提出交换联系方式，但最终她还是选择了沉默。

回到酒店，张薇躺在床上，心中充满了遗憾。她意识到，自己错过了一个可能的机会，也许小杰就是那个能够改变她生活的人。但因为自己的犹豫和恐惧，她没有抓住这一刻。

第二天，张薇再次来到那家咖啡馆，她决定不再让机会溜走。她要做好准备，因为生活总是在不经意间给予惊喜。她相信，只要自己保持开放的心态，爱情或许就在下一个转角等待着她。

生活总是充满惊喜，爱情亦然。我们不该让恐惧或习惯束缚自己，错失改变我们人生轨迹的瞬间。保持积极乐观，也许在不经意间，你会发现生命中的另一半。要敞开心扉，不要让过往的挫折或当下的繁忙成为封闭自我的借口。学会接纳自己，承认失败，同时，对未来保持期待。

自我提升不仅是外在的打扮，更重要的是内心的成长。一个内心丰富、自信且热情洋溢的人，无论何时都能展现出最真实的自我。

准备就绪，也代表着对美好生活的不懈追求。爱情不只是浪漫和甜蜜，它更关乎两个人的相互成长和进步。在生活的旅途中，拓宽视野，增强能力，你将发现，爱情不是单方面的寻找，而是两个准备好的灵魂，在人生某个不经意的转角，相遇并共同编织属于你们的故事。

约会攻略

保持自信、提升自己、心怀期待，才是迎接爱情最好的方式。无论何时何地，随时准备好，万一转角就遇到爱。

微信扫码
❶ AI贴心闺蜜
❷ 成长必修课
❸ 情商进阶营
❹ 幸福研讨室